PAN

Xavier Barriga

PAN

Hecho en casa y con el sabor de siempre

Fotografías de Marc Vergés

Grijalbo

A las personas humildes y sencillas,
a las personas sinceras y nobles,
a los que respetan a los demás,
a las personas buenas y
a las buenas personas.

Por ser todo esto y mucho más,
dedico este libro a la memoria de
mi padre, Ramón Barriga Morera

Agradecimientos

El autor y la editorial agradecen a La Cornue
y Santa & Cole (Proyectos de cocina) su colaboración en este libro.
Así mismo damos las gracias a Paulina Arochi, por
la receta de las conchas mexicanas, y a Yasmin Recht,
por la receta de las figacitas.

Duodécima edición, actualizada: marzo de 2018
Primera reimpresión: abril de 2019

© 2009, 2018, Xavier Barriga
© 2009, 2018, Marc Vergés, por las fotografías
© 2009, 2018, Penguin Random House Grupo Editorial, S.A.U.
   Travessera de Gràcia, 47-49. 08021 Barcelona

Printed in Spain – Impreso en España

ISBN: 978-84-16895-47-2

Maquetación: Roser Colomer

Fotocomposición: Gama S.L.

Depósito legal: B-289-2018

Impreso y encuadernado en Gráficas 94, S.L.
Sant Quirze del Vallès (Barcelona)

DO 9 5 4 7 2

Índice

Introducción. La pasión por el pan

Creo que ya desde muy pequeño estaba destinado a ser panadero; nací y crecí en una panadería, veía trabajar la masa a mi padre antes de ir a la escuela y llevo la harina en la sangre. Recuerdo perfectamente el aroma a pan caliente que ascendía desde el obrador hasta el comedor de casa e incluso hasta mi habitación. Era un olor que me despertaba agradablemente a las ocho de la mañana y activaba mis sentidos y mi curiosidad. De niño siempre me fascinó (y lo sigue haciendo hoy) ver cómo el pan se desarrolla en el horno durante los primeros cinco minutos de la cocción, cómo va cambiando de color a medida que se cuece y cómo cruje mientras se enfría en cuanto sale del horno.

La panadería de mis padres era tradicional; se amasaba por la noche, se cocía el pan antes del amanecer y se empezaba a vender a las seis de la mañana. Se hacían, sobre todo, hogazas grandes y barras, de medio y de un cuarto de kilo, pero también otras especialidades típicas de la panadería tradicional catalana. Tuve la gran suerte de pasar por todos los escalafones, desde el de amasador hasta el de hornero, no sin antes haber dedicado muchas de mis vacaciones escolares a las tareas de ayudante y aprendiz, barriendo y limpiando latas y colgando a secar las telas en las que el pan fermentaba.

Allí, compaginándolo con mis estudios, fui aprendiendo la base de la panadería, año tras año, hasta que hubo en mi vida profesional un punto y aparte y empecé a viajar, a ver otros panes muy distintos a los que me había enseñado mi padre y otras maneras de entender la panadería. Despegarme de la seguridad del negocio familiar e iniciar mi propia aventura profesional fue algo sorprendente que cambió radicalmente mi vida y que hizo que mi interés por la panadería aumentara día tras día.

Cuando desde la editorial Random House Mondadori me propusieron escribir un libro sobre cómo hacer pan pensado para no profesionales la idea me entusiasmó de inmediato. En este libro he querido expresar mis conocimientos de panadería desde un punto de vista diferente al que estoy acostumbrado y con el que habitualmente desarrollo mi trabajo, es decir, un punto de vista profesional y técnico. Se trata de poder hacer pan sin tener unos conocimientos de base y sin disponer de los utensilios y maquinaria que suele haber en un obrador de panadería.

Ese es el reto que tengo ante mí y que profesionalmente me obliga a cambiar la manera de enfocar las cosas, a decirlas con otras palabras y a simplificar procesos y sistemas para que puedan realizarlos tanto aquellas personas que ya tienen unos buenos conocimientos y práctica como aquellas que jamás han elaborado pan en casa.

En este libro expondremos los elementos y utensilios imprescindibles para hacer pan en la cocina de casa, y hablaremos de la harina, un ingrediente que debe conocerse bien porque de ello depende en parte el éxito del resultado. Asimismo, veremos la función que desempeñan otros ingredientes básicos del pan. Seguidamente, entraremos de lleno en la noción de la masa madre, y entonces la vida se instalará en nuestra cocina. Tendremos un «compañero de viaje» en forma de masa que quizá nos dará mucho trabajo al principio, durante su nacimiento, pero que también nos proporcionará muchas satisfacciones cuando veamos la calidad de los panes obtenidos.

Cuando ya sepamos qué necesitamos y con qué hacemos el pan, viene el momento de empezar a «ensuciarnos» las manos, de pasar a la acción. Aprenderemos a amasar a mano (como hacían los egipcios al borde del río Nilo) y también a amasar mecánicamente, con un robot de cocina a modo de amasadora. Este es un capítulo básico para obtener buenos resultados. Un buen pan

sale de un buen amasado (he oído esta frase en numerosas ocasiones y la tengo muy grabada en mi pensamiento). Estudiaremos también de manera sencilla y clara por qué la masa aumenta de volumen, por qué «crece» y se hincha como un globo. En definitiva, por qué fermenta y cuáles son las mejores condiciones para que eso suceda.

Además, veremos lo importante que es comer pan para nuestra salud, qué aporta a la dieta diaria, y las principales virtudes de este alimento tan sencillo y complejo a la vez. Por otro lado, no olvidamos a los que por una u otra razón no pueden comer pan «normal», así que elaboraremos pan para celíacos y para personas con diferentes intolerancias al trigo o a la levadura.

Después repasaremos los principales problemas con los que puedes encontrarte en cualquier fase del proceso e intentaremos darte soluciones prácticas y efectivas.

Hacer pan en casa puede ser una experiencia maravillosa. La satisfacción de sacarlo del horno irá *in crescendo* a medida que vayas perfeccionando la técnica y los resultados sean cada vez mejores. La experiencia también debería ser divertida, por eso te animo a que crees tus propias recetas, buscando diferentes combinaciones de ingredientes o incluso aumentando o disminuyendo las proporciones de algunos de ellos. Verás que algunas veces aciertas y otras no tanto, pero lo cierto es que siempre obtendrás un pan bueno, apetecible y sano, muy sano.

No seas demasiado exigente contigo mismo, ten paciencia (piensa por un momento en la palabra *paciencia*, es una curiosa unión de *pan* y *ciencia*, por algo será) y sé persistente y riguroso con los tiempos señalados en cada receta. No quieras elaborar el pan demasiado rápido. Deja reposar la masa, tápala como taparías un bebé, dale forma con suavidad y cariño, deja que fermente sin prisas y finalmente cuécela en tu propio horno. Aspira el aroma que flota en tu cocina al sacar el pan del horno, escúchalo crujir mientras se enfría, y luego obsérvalo, córtalo con un cuchillo de sierra, huélelo y compártelo con los tuyos, sintiendo que es tu propia obra de arte, que ha nacido de tus propias manos.

¿No crees que puede llegar a ser apasionante?

¿Qué me hace falta?
Utensilios y elementos imprescindibles para hacer pan en la cocina de casa

La variedad de utensilios que podemos llegar a necesitar para elaborar todos los panes y piezas de bollería que aparecen en este libro es relativamente importante, aunque no son elementos extraños ni caros, sino instrumentos bastante habituales y conocidos. No todo lo que verás aquí es imprescindible, aunque tenerlo te va a facilitar muchísimo el trabajo y sin duda contribuirá a mejorar la calidad y a aumentar el éxito de tus elaboraciones.

Si tienes que comprar alguno de los utensilios que aparecen a continuación, valora cuál de ellos va a ser más necesario o hazte una lista antes de empezar a hacer pan de aquellos que crees no pueden faltar. Verás que la información que sigue ya está estructurada así, es decir, los primeros son los imprescindibles y los últimos son aquellos cuyo uso es opcional.

Como casi siempre en la vida, es mejor comprar caro y de calidad una vez que ir renovando constantemente los utensilios porque se estropean en dos días o dejan de hacer correctamente su función. Siempre me ha gustado por ilustrativa aquella frase que le dice un comprador al vendedor: «Véndeme caro que no tengo dinero».

1 **Balanza de cocina:** es indispensable pesar todos los ingredientes de las recetas meticulosamente. Eso asegurará parte del éxito y te dará seguridad y confianza, sobre todo al principio. Todas las cantidades de los ingredientes están expresadas en gramos o en centilitros, ya que lo considero una forma muchísimo más objetiva que las cucharaditas o los vasitos medio llenos que se ven en otros libros y que la mayoría de veces pueden crear dudas o poca exactitud.

2 **Robot de cocina:** amasa, bate y mezcla. Solo es necesario si no quieres amasar a mano y si tienes intención de hacer en casa el pan y otras recetas de bollería y pastelería de forma regular. No lo compres si solamente vas a hacer pan de vez en cuando; en este caso es más divertido y placentero amasar a mano, aunque también más difícil.

3 **Rasqueta de plástico o de acero inoxidable:** sirve para ayudarte a manipular y cortar la masa en porciones. Cuando te acostumbras, va mejor que un cuchillo.

4 **Pulverizador de agua:** para mojar la masa y evitar que se reseque.

5 **Cuchilla:** necesaria para cortar el pan antes de meterlo en el horno. Deberás adquirirla en una tienda especializada, aunque no resulta nada cara y te servirá para infinidad de veces.

6 **Cuchillos varios:** sobre todo un buen cuchillo de sierra para cortar el pan cuando esté frío.

7 **Rodillo:** sin él no podrás hacer los panes hojaldrados ni los croissants. No lo compres demasiado pequeño.

8 **Pincel:** muy necesario, sobre todo para pintar las piezas de bollería con huevo. Cómpralo bueno.

9 **Moldes:** pueden ser de aluminio de un solo uso, de acero inoxidable o de silicona (estos últimos son los más modernos, más prácticos y más caros). Muy útiles para conseguir panes del mismo formato. Existe una gran variedad de tamaños y formas. Te recomiendo adquirirlos en una tienda especializada.

10 **Paños de algodón o de lino:** imprescindibles para tapar el pan y también para cubrir la base de la placa donde fermenta.

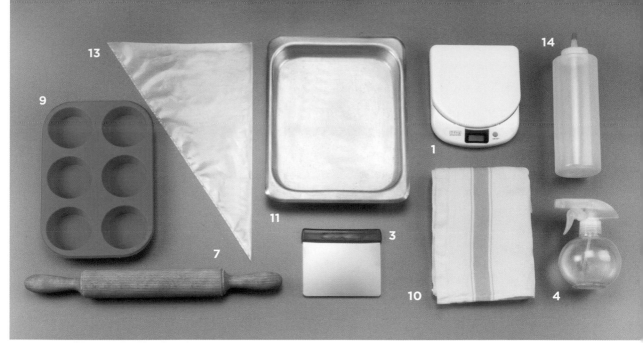

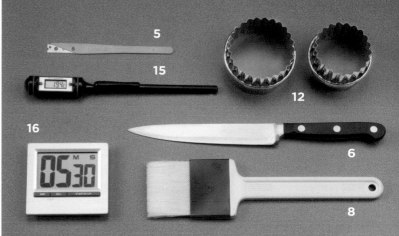

11 Placas de horno: deberías tener varias; una para poner el pan a fermentar y otra para ir calentando la piedra en el horno.

12 Cortapastas: te irán bien para cortar porciones muy iguales y las necesitarás para hacer galletas y otras elaboraciones. Las hay de formas variadas y bonitas.

13 Manga pastelera: mejor de plástico que de tela. Son de un solo uso y más higiénicas y económicas. No hace falta boquilla.

14 Dosificador: también llamado «biberón», permite verter dosis exactas de aceite u otro líquido sobre la masa.

15 Termómetro digital: los mejores resultados se obtienen cuando al terminar de amasar la pasta está entre 22 y 25 °C. Un termómetro digital permite ver la temperatura casi al instante.

16 Reloj temporizador: te facilita ser exacto en los tiempos y el usarlo te habitúa a ser preciso.

Papel de cocción: va muy bien, sobre todo para que no se peguen las piezas de bollería a la placa del horno.

El espacio
Convertimos la cocina en un obrador

Es importante que te sientas cómodo y a gusto mientras estás haciendo el pan en casa. Al principio va a ser una experiencia mágica y tienes que pasarlo bien.

Uno de los aspectos más importantes en este tipo de procesos es el espacio y el orden. Te aconsejo que prepares una mesa de apoyo donde puedas tener a punto varios recipientes para pesar cómodamente y por separado todos los ingredientes de la receta antes de empezar a amasar. Luego debes tener un espacio reservado para el amasado. Si lo haces a mano, necesitarás una superficie plana, de mármol si fuera posible, porque es muy fácil de limpiar.

Ten por seguro que vas a ensuciar un poco, la harina se esparce rápidamente y mancha, pero se limpia sin dificultad. También se te ensuciarán las manos, la masa se pega entre los dedos de tal modo que parece que no vaya a desprenderse nunca. No te laves con agua, porque se formaría un engrudo y sería aún peor; un sencillo truco para cuando tienes esa masa pegada en las manos consiste en restregarse enérgicamente manos y dedos con un puñado de harina. Verás qué bien funciona. Después, si quieres, lávate con agua.

El mismo espacio que has utilizado para amasar te servirá para bolear y moldear el pan con comodidad. No cometas el error de espolvorear mucha harina si trabajas sobre mármol, porque la masa resbalaría y parecería imposible formar una barra.

Otra cosa que debes hacer es buscar el lugar más cálido de tu cocina, sobre todo en invierno, donde la masa pueda fermentar en óptimas condiciones de temperatura. Suele funcionar poner la placa de horno con la masa en fermentación sobre un taburete al lado de un radiador si tienes la calefacción encendida, junto al horno o en la zona de la cocina donde dé el sol. Piensa que la temperatura ideal de fermentación está entre los 24 y los 26 °C. No te olvides de tapar siempre la masa con un paño húmedo, porque en estos casos el calor suele ser muy seco y la falta de humedad dificultaría la fermentación.

Finalmente, necesitas un sitio donde dejar enfriar el pan. Cuando lo saques del horno, ponlo sobre una rejilla y evita las corrientes de aire.

Como puedes ver, no es preciso tener una cocina muy grande y espaciosa para poder elaborar pan y bollería en casa, la mayoría de las veces basta con organizar bien los utensilios y el espacio. Es lógico que al principio la cocina se te haga pequeña, o que ensucies más de la cuenta e incluso que tardes el doble de tiempo en hacer las cosas. A medida que vayas aprendiendo y adquiriendo experiencia, los resultados mejorarán y cada vez necesitarás menos tiempo y espacio para elaborar la gran variedad de productos de pan y bollería que pueden salir de tu cocina.

¿Una harina para cada pan?
No todas las harinas son iguales

Algunas veces me han formulado una pregunta para la que siempre tengo la misma respuesta: ¿Qué hace falta para hacer buen pan? Tiempo y pasión, y buenas materias primas. Lo primero es algo que no puedo explicar en este libro. El tiempo se busca y la pasión se tiene o se cultiva, aunque también dicen que se transmite, y eso sí que lo intentaré a lo largo de estas páginas. En cuanto a las materias primas, la harina de trigo, junto a la masa madre, desempeña el papel más importante, ya que es el ingrediente principal del pan.

El componente más importante de la harina son las proteínas. Mientras amasas, las proteínas de la harina y el agua que añades forman el gluten, que cuando está formado completamente, al terminar el amasado, crea una red impermeable encargada de atrapar los gases que se producen durante la fermentación de la masa. Eso es lo que da volumen al pan. Sin embargo, una buena harina por sí sola no asegura un pan de calidad si no va acompañada en todo momento de un proceso de elaboración cuidadoso y respetuoso.

La harina de trigo ideal debe tener una tonalidad blanca ligeramente cremosa, sin grumos ni trozos de harina secos, lo cual indicaría que está pasada. La harina tiene una caducidad aproximada de tres meses, por lo que es mejor no comprar cantidades excesivas que tengas que guardar en casa durante mucho tiempo.

Una harina caducada no te sentará mal ni nada parecido, pero sí puede ser la causante de que el pan no salga como tú quieres, porque con el paso del tiempo se deterioran parte de sus cualidades y en la jerga panadera se dice que pierde «fuerza». Debes conservarla en un lugar fresco, seco y sin olores demasiado fuertes, ya que puede absorberlos fácilmente y transmitírselos a tu pan.

Un problema habitual es no saber dónde comprar la harina, puesto que en el supermercado solamente suele haber un tipo de harina, pensada para rebozar y generalmente muy floja. Mi consejo es que compres las cantidades necesarias de las diferentes harinas en una panadería donde sepas que se amasa y se cuece el pan cada día y donde puedas establecer una bonita relación de confianza con las dependientas o incluso con el panadero.

Dicho esto, vamos a ver los principales tipos de harina y para qué sirve cada uno de ellos.

HARINAS

1 harina de trigo blanca   **2** harina de trigo integral   **3** harina de centeno integral

4 harina de maíz   **5** malta tostada   **6** harina de espelta

HARINA DE FUERZA

Para elaborar masas de bollería a las que se añade mantequilla, azúcar y huevos. Debes usarla sobre todo cuando hagas brioches y otras masas similares.

HARINA DE MEDIA FUERZA

Utilízala para los croissants y la masa de hojaldre, así como para los panes hojaldrados con mantequilla y las masas de pan con una cantidad importante de aceite de oliva. Verás que es un poco más difícil de trabajar que la harina panificable, pero también que los resultados son muchísimo mejores.

HARINA PANIFICABLE

Es la que usarás habitualmente para elaborar la mayoría de tus panes. Dentro de este tipo de harinas, el abanico de calidades es amplio y a simple vista es imposible saber si una harina panificable es de buena calidad o no, aunque sin duda la que utilice tu panadero habitual te dará buenos resultados.

HARINA FLOJA

Es la harina que debes poner en todas las masas no fermentadas, es decir, los batidos tipo magdalenas, plum-cakes o bizcochos, y también en las masas para hacer galletas, pastas de té y otros productos sin levadura. Es importante usarla en este tipo de preparaciones para, por ejemplo, conseguir que las magdalenas se esponjen al máximo en el horno o para que las galletas de mantequilla no se deformen al cocerlas y te queden perfectas. Además, existen harinas de trigo con un nombre específico extraídas de variedades de trigo diferentes al común, como las harinas de espelta o de kamut.

Existen harinas de otros cereales, con las que también puedes hacer pan, normalmente mezcladas con harina de trigo, y que aportan sabores muy diferentes. De todas ellas quizá la más conocida es la de centeno, con la que se elabora un pan extraordinario que se conserva hasta una semana con la miga tierna y húmeda, aunque eso sí, de sabor muy particular. Otros cereales cuya harina también se usa para el pan son la avena, la cebada, el arroz, el maíz y la soja, principalmente.

Estas harinas no contienen proteínas (excepto las de centeno y avena) y por tanto no se forma gluten durante el amasado, de modo que el pan no adquiere volumen y nunca queda esponjoso. Este es el motivo por el cual siempre debemos mezclarlas con harina de trigo.

SEMILLAS

| **1** sésamo tostado | **2** mezcla de semillas | **3** amapola | **4** pipas de calabaza |
| **5** mijo | **6** copos de avena | **7** lino dorado | **8** pipas de girasol |

¿Qué más le ponemos al pan?
Los otros ingredientes básicos

Como hemos visto en el capítulo anterior, la harina es importante para hacer un buen pan, pero debe ir acompañada de otros elementos que también tienen su papel y que son igualmente indispensables. Los principales son el agua, la sal y la levadura.

EL AGUA

La incorporación de agua a la harina marca el punto de partida de todo el proceso de panificación y con ello, de una innumerable serie de reacciones que transformarán todos los componentes del amasado en una masa panaria. Sin duda, cuanto más pura sea el agua utilizada para amasar, menos influencia tendrá en el sabor del pan. Un agua con mucha cantidad de cloro puede dificultar la fermentación de la masa e incluso dar sabores anómalos, no propios del pan, aunque estos son casos extremos que no suelen darse habitualmente, sobre todo en las grandes ciudades.

Lo mejor es que, para la cantidad que necesitarás, utilices agua mineral embotellada o agua del grifo si crees que es buena para beber y no sabe mucho a cloro. El sabor del agua del grifo cambia mucho de una población a otra y debes valorar qué es lo mejor en tu caso. Un buen recurso es usar agua del grifo reposada, es decir, agua que habrás puesto en un recipiente la noche anterior y que ha estado reposando durante doce horas aproximadamente.

Si es verano y hace calor, el agua debe estar en la nevera como mínimo cuatro o cinco horas antes de amasar; el agua fría ayuda a conseguir que la masa adquiera una buena temperatura, entre 22 y 24 °C.

LA SAL

Otro de los componentes clave de la masa del pan. La más indicada es la sal marina fina no refinada; si es muy gruesa, debes disolverla primero en parte del agua que vas a utilizar para amasar.

La sal contribuye a mejorar las cualidades plásticas de la masa, le confiere cuerpo y cierta «solidez», a la vez que regula la velocidad de fermentación. La masa sin sal fermenta antes que la salada. La sal también hace que la masa adquiera un bonito color y brillo durante la cocción y, cómo no, potencia el sabor del pan.

Es importante pesar muy bien la cantidad de sal que incorporas, porque si te pasas, aunque sea poco, el pan resultará desagradablemente salado y será incomestible. No pongas más sal creyendo que va a salir más bueno. Otra precaución que debes tener en cuenta es no mezclar nunca la sal con la levadura, pues la primera daña irremediablemente a la segunda. Si haces el experimento, verás que pasados unos minutos la levadura se ha licuado y su aspecto ha cambiado por completo. Esto se debe a que al añadir sal a la levadura, esta última se queda sin oxígeno y muere. Interesante, ¿verdad?

LA LEVADURA

Es el ingrediente que permite que el pan fermente. La levadura, al entrar en contacto con la masa, consume los azúcares (glúcidos) que contiene la harina de forma natural (en torno al 1 o el 2 por ciento de su composición), y ese consumo produce la formación de anhídrido carbónico y alcohol. El primero, al quedar atrapado por la red de gluten que hemos construido durante el

amasado, hace que la masa se hinche y aumente de volumen como si fuera un globo. El segundo, el alcohol, provoca otra serie de reacciones que proporcionan sabor y aroma al pan. Por eso, cuanto más largo sea el tiempo de fermentación (menos levadura significa más tiempo), más sabor, aroma y conservación tendrá el pan.

La levadura de panificación se comercializa de dos maneras: o bien seca y deshidratada o bien fresca. Las dos funcionan igual de bien, lo único que cambia es la cantidad que se utiliza de una y de otra: 10 gramos de levadura fresca equivalen a 3 gramos de levadura seca.

La levadura seca viene en forma de polvo muy fino y se mezcla directamente con la harina al iniciar el amasado. Es más difícil de encontrar en supermercados o panaderías y para cantidades pequeñas de harina la dosis debe ser muy baja (1 o 2 gramos), de modo que es difícil pesarla correctamente. Este es el motivo principal por el cual en este libro he decidido utilizar levadura fresca en todas las recetas.

La levadura fresca se vende en el supermercado en cubos pequeños de unos 40 gramos, aunque también puedes adquirirla en tu panadería. Se conserva de dos a tres semanas en la nevera, tapada con plástico, e incluso admite el congelado. Mi recomendación es que no compres grandes cantidades de levadura que tengas que guardar durante mucho tiempo, porque con el paso de los días va perdiendo efecto. Es mejor ir comprando a medida que la vas gastando.

¿Te atreves con la masa madre?
Otro inquilino en casa

Muchos de vosotros os preguntaréis qué es la masa madre y para qué sirve; si no se puede hacer pan sin ella; cómo puede mantenerse viva durante años y otras preguntas lógicas cuando se desconoce el tema y se siente esa sana curiosidad del que quiere aprender.

Pues bien, intentaremos dar respuesta a esas cuestiones en este capítulo, quizá el más técnico del libro.

La masa madre, que puede ser sólida o líquida, es una masa que ha fermentado durante muchas horas y muy lentamente, y que se añade durante el amasado como un ingrediente más de la receta, junto a la harina, la sal, el agua y la levadura.

La larga fermentación que ha sufrido proporciona a la masa de tu pan cuerpo y fuerza, que podríamos definir como esa cualidad plástica de la masa necesaria para que el pan adquiera volumen y esponjosidad en el horno.

La masa madre transmite al pan sobre todo sabor y aroma, pero también hace que la miga tenga más humedad, la corteza sea sabrosa y crujiente durante más tiempo, con una mejor coloración y brillo, y el pan tenga una conservación más larga.

Ahora bien, ¿es posible elaborar un buen pan en casa sin masa madre?

La respuesta es rotundamente afirmativa. Sin masa madre, los tiempos de reposo y fermentación deben ser más largos, y el sabor del pan siempre será más neutro, sin esos matices de acidez que le da la masa madre, pero que no son ni mucho menos imprescindibles para que el pan casero sea rico.

Crear una masa madre natural (sin levadura) con algunos ingredientes básicos que nos da la naturaleza, observar cómo «sube», cómo fermenta y aumenta de volumen, y luego mantenerla viva dándole «de comer» cada día es una experiencia casi mágica. Es la constatación y la afirmación de la vida espontánea, que nace prácticamente de la nada y que enriquece tus panes con su nobleza y carácter.

Las masas madre pueden conservarse sólidas o líquidas, sólo cambia el porcentaje de agua. En casa es más fácil elaborar una masa madre líquida por dos razones fundamentales: en un medio líquido la multiplicación de bacterias y levaduras es más favorable, y, en segundo lugar, con una masa líquida se evita la difícil y crucial etapa del amasado, que se convierte en una operación de mezclado.

Veamos a continuación los pasos que debes seguir para «crear» tu propia masa madre líquida. Debes intentar ser meticuloso, sobre todo en cuanto a las temperaturas y los tiempos de fermentación y maduración.

PRIMERA FASE O INICIO

Corta 2 manzanas, a poder ser de cultivo ecológico, sin lavarlas, en dados. Extrae las semillas.

Pon los dados de manzana en un recipiente que después puedas tapar y añade 25 gramos de miel y el agua necesaria para cubrir las manzanas. Utiliza agua mineral. Tapa el recipiente.

Reserva esta mezcla durante 5 días entre 35 y 40 °C.

Las temperaturas elevadas son propicias para la masa madre porque favorecen y aceleran la actividad de las enzimas y las levaduras naturales. Por eso es más fácil iniciar una masa madre en verano que en invierno.

Debes tener el recipiente en el lugar más cálido de la casa. Si es verano, ponlo al sol, y por la noche, dentro de casa.

En invierno puedes colocar el recipiente encima de un radiador encendido, o bien dentro del horno, que irás encendiendo y apagando regularmente a intervalos de 5 minutos para conseguir una temperatura de unos 35 °C. En este caso, ten cuidado de no pasarte de temperatura, ya que eso podría dañar irremediablemente tu masa madre.

SEGUNDA FASE

Pasa la mezcla de manzanas de la primera fase por un colador chino y añádele 100 gramos de harina integral de panadería. Mézclalo todo hasta conseguir una papilla sin grumos. Si ves que queda demasiado dura, agrega un poco de agua mineral caliente.

Reserva la mezcla durante 48 horas entre 35 y 40 °C en un recipiente cerrado.

TERCERA FASE

Pesa 100 gramos de la mezcla conseguida en la segunda fase y añádele 300 mililitros de agua mineral entre 28 y 30 °C. Después agrega 300 gramos de harina de fuerza.

Remueve el conjunto hasta que no queden grumos demasiado grandes y resérvalo bien tapado durante 24 horas a 26 o 28 °C.

Pasada esta fase de fermentación, verás que se forman las burbujas de aire propias de la fermentación alcohólica que está experimentando tu masa madre. Si pruebas un poco de esta mezcla notarás que no huele mal, y que al entrar en contacto con la lengua no pica ofensivamente. El sabor debe tener en un primer momento rasgos de leche, propios de la fermentación láctica, y después, conforme lo vas tragando, rasgos ácidos de vinagre propios de la fermentación acética. Piensa que se producen tres fermentaciones a la vez: la alcohólica, que origina el anhídrido carbónico, y la láctica y la acética, que dan los diferentes contrastes de sabor y acidez.

CUARTA FASE

Pesa 150 gramos de la mezcla anterior y añádele 250 mililitros de agua mineral a 28 o 30 °C. Remueve e incorpora seguidamente 250 gramos de harina de fuerza.

Revuelve el conjunto hasta que no queden grumos demasiado grandes y resérvalo bien tapado durante 24 horas a entre 26 y 28 °C.

QUINTA Y ÚLTIMA FASE

Pesa 150 gramos de la preparación anterior, agrégale 300 mililitros de agua mineral a 28 o 30 °C y, seguidamente, 300 gramos de harina de fuerza.

Mezcla el conjunto y resérvalo bien tapado durante 6 horas a 26 o 28 °C. Pasado este tiempo de fermentación, la masa madre ya estará lista. Si no la usas de inmediato, guárdala en la nevera.

Cada tres días como máximo es necesario realizar la operación llamada «refresco» para mantener viva la masa madre, aunque si elaboras pan cada día, deberás hacer los refrescos a diario.

¿Qué es un refresco? Es la operación que consiste en dar de comer a la masa madre. Las levaduras salvajes que has multiplicado durante las cinco fases anteriores se alimentan de azúcares presentes en la harina. Con el refresco lo que se hace es añadir azúcares para que las levaduras puedan seguir consumiendo y viviendo. Una masa madre sin alimento, es decir, sin refrescos, muere.

Refresco de la masa madre

150 g de masa madre líquida (puedes usar la que tienes en la nevera)

300 ml de agua mineral

300 g de harina de fuerza

Mezcla la masa madre con el agua y añade después la harina. Trabaja la mezcla hasta obtener una «papilla» lisa y sin grumos.

Tapa la masa y déjala fermentar durante 6 horas a 26 o 28 °C. Pasado este tiempo ya podrás usarla, pero si no vas a hacer el pan en este momento, guárdala en la nevera.

La mecánica para hacer pan con masa madre es siempre la misma: tengo una masa madre preparada en la nevera; con una parte de esta masa madre elaboro pan, es decir, la añado como un ingrediente más según las recetas del libro. Con otra parte de esa masa realizo un refresco y al día siguiente ya tengo la cantidad necesaria para hacer más pan y para hacer otro refresco.

Aunque parece obvio, es importante no quedarse nunca sin masa madre, siempre hay que tener una pequeña cantidad como mínimo para poder elaborar un refresco.

Empecemos a hacer pan paso a paso
Pasión y ciencia se unen en tu cocina

Vamos a ver a continuación el procedimiento que debes seguir para elaborar pan en casa. En función del tipo de pan que hagas algunos pasos cambian o sencillamente se eliminan, aunque en general el proceso básico es el siguiente:

Pesar los ingredientes de la receta

Amasar

Dejar reposar la masa tapada con un paño húmedo

Dividir y pesar la masa

Formar las piezas (panes redondos, barritas, moldes...)

Dejar fermentar la masa

Realizar un corte en la pieza antes de cocerla (si el pan lo requiere)

Cocer el pan

Dejar enfriar sobre una rejilla

EL PESADO DE LOS INGREDIENTES debe ser muy meticuloso y exacto para que no haya sorpresas desagradables y para que el pan tenga siempre la misma calidad. Ello te dará confianza y seguridad para probar recetas nuevas o incluso inventar las tuyas propias.

Pesa cada ingrediente en un recipiente distinto, incluso los líquidos, y no empieces a amasar hasta que los tengas todos pesados.

Cuando hablamos del amasado, debemos diferenciar claramente entre amasar a mano y amasar con la ayuda de un robot.

AMASADO A MANO

Pon todos los ingredientes de la receta excepto la levadura y el agua dentro de un recipiente hondo y de base cóncava. Puede ser de plástico o de acero inoxidable.

Empieza a añadir agua y a remover la mezcla con la mano abierta, mientras tanto sujeta el recipiente con la otra mano para que no se mueva. Verás como pronto el agua desaparece y la harina se transforma en una especie de arcilla seca y desgranada. Añade agua conforme la mezcla se vaya secando, hasta incorporar toda la de la receta.

Sigue removiendo y no saques la masa del recipiente hasta que ésta haya absorbido toda el agua.

Si lo necesitas, puedes parar 5 minutos para descansar, a la masa también le vendrá bien este pequeño reposo. Límpiate las manos frotándolas enérgicamente con un poco de harina hasta que se desprendan los trocitos de masa. Después, si quieres, lávatelas con agua.

Cuando la masa haya absorbido el agua y forme una especie de engrudo, extráela con la ayuda de una rasqueta de plástico y ponla encima de la mesa de trabajo, previamente enharinada.

Ahora viene la parte más difícil del amasado: golpea ligeramente la masa sobre la mesa de traba-jo, estírala y dóblala sobre ella misma para que se oxigene atrapando aire; este proceso requiere cierta energía y práctica, y es fundamental para la calidad del pan. Repite estos movimientos hasta que la masa se vaya despegando. Cuando veas que esta se rompe y se desgarra al estirar-la, tápala con un paño húmedo y déjala descansar durante 10 minutos. Al retomar nuevamente el amasado, verás que la masa es más elástica y se trabaja mejor.

Repite esta alternancia de amasado y descanso cinco o seis veces.

Cuando la masa adquiera un aspecto liso, pon la levadura y un poquito de agua en el centro. Sigue amasando hasta que la levadura esté totalmente disuelta, la masa quede lisa de nuevo y se despegue perfectamente de la mesa de trabajo.

Forma una bola, colócala en un recipiente cóncavo y tápala con un paño húmedo. El amasado a mano ha finalizado.

AMASADO CON EL ROBOT

De los accesorios que vienen con el robot, necesitarás el gancho para amasar, la pala para mezclar y el batidor para batir.

Pon en el cazo la harina, la sal, la levadura y los otros ingredientes secos de la receta, si los hay, y empieza amasando a velocidad lenta. Añade agua lentamente hasta que la harina la haya absorbido toda. Entonces incrementa ligeramente la velocidad de amasado y deja que el robot trabaje hasta que veas que la masa está lisa y se despega de las paredes del cazo. El amasado mecánico puede durar unos 8 o 9 minutos.

Retira la masa del cazo, forma una bola sobre la superficie de trabajo un poco enharinada y ponla en un recipiente cóncavo tapada con un paño húmedo para que no se seque.

EL REPOSO DE LA MASA es la etapa que va desde que acabas de amasar hasta que empiezas a formar los panes. La masa debe estar en un recipiente o cuenco tipo ensaladera, de base cóncava y del tamaño apropiado para el volumen de masa. Tapa siempre la masa con un paño húmedo mientras reposa para que no se seque y no se forme una corteza en su superficie.

En invierno debes dejar reposar la masa en el lugar más cálido de la cocina, mientras que en verano puedes dejarla incluso dentro de la nevera. El reposo finaliza cuando la masa ha doblado su volumen, aunque en algunas recetas se especifica un tiempo de reposo concreto.

PARA DIVIDIR Y PESAR LA MASA, sácala del recipiente donde ha reposado con la ayuda de una rasqueta de plástico. No tires nunca de la masa con los dedos, porque podría romperse o desgarrarse. Pon la masa con cuidado encima de la mesa de trabajo un poco enharinada y, con la ayuda de una rasqueta de plástico o de acero inoxidable, corta y pesa las porciones. Colócalas un poco separadas y tapadas con el paño húmedo hasta que tengas toda la masa dividida.

Ahora viene la fase del **FORMADO O MODELADO DE LOS PANES**. Para hacer panes o panecillos redondos, aplana ligeramente la pieza y ve doblando cada extremo hacia el centro, presionando bien hacia abajo con los dedos y formando una bola a medida que la vas doblando. Dale la vuelta y oculta los bordes hacia abajo para que quede perfectamente redonda.

Para hacer panes largos, aplana un poco la masa y déjala en forma rectangular. Dobla la parte superior hacia el centro, presiona para sellar y después realiza la misma operación con la parte inferior de la pieza. Dobla la pieza por la mitad a lo largo y aprieta con la palma de la mano los extremos para sellarlos. La unión debe quedar siempre debajo durante la fermentación.

Si quieres una barra larga, haz rodar la pieza presionando con las manos planas, primero juntas y luego separándolas poco a poco. A medida que las separas notarás que la masa se estira.

PARA FERMENTAR LA MASA, estira un paño de algodón o lino encima de una placa de hornear. Espolvoréalo con un poco de harina y ve colocando los panes encima conforme los tengas formados. Si haces barras largas, realiza un pliegue con el paño a modo de separación entre cada pieza para que no se unan durante la fermentación. Si son panes redondos, piensa en dejar el espacio suficiente entre ellos para que puedan doblar el volumen sin pegarse unos a otros.

Cuando tengas las piezas dispuestas sobre la placa, tápalas con un paño húmedo y déjalas en un sitio cálido y sin corrientes de aire **PARA QUE FERMENTEN**.

Este es el momento de precalentar el horno. Pon dentro una piedra de hornear (puede ser una baldosa de cerámica o de gres) o una placa de horno para que se vayan calentando. Introduce también una olla con paños muy mojados para que vayan generando vapor. Si observas que los paños se secan pasado un tiempo, mójalos de nuevo añadiendo más agua a la olla y cierra el horno.

Cuando las piezas han doblado aproximadamente su volumen gracias a la fermentación, **REALIZA UN CORTE** sobre su superficie con una cuchilla especial (si así lo indica la receta). También puedes usar un cúter o incluso un cuchillo bien afilado. Los cortes debes hacerlos con decisión y sin clavar demasiado la cuchilla. No pasa nada si al principio no salen bien, es cuestión de práctica.

PARA COCER EL PAN tienes dos opciones. Si son muchas piezas pequeñas, saca la placa de cocción o la piedra de hornear que has calentado y cierra el horno. Pon las piezas encima de la placa (vigila con las quemaduras), introdúcelas en el horno y, antes de cerrarlo, vaporiza con agua las paredes del horno con un pulverizador. Cierra rápidamente y baja la temperatura si lo indica la receta.

Si vas a cocer solo uno o dos panes grandes, cógelos cuidadosamente con la mano, abre el horno y colócalos sobre la piedra de cocción. Vaporiza las paredes del horno con agua y cierra el horno enseguida para no perder vapor. Baja la temperatura a los grados que indica la receta. Cuece el pan durante el tiempo señalado en cada receta, teniendo siempre en cuenta que es orientativo. Con la experiencia aprenderás a cocer sin necesidad de controlar demasiado el tiempo, sino observando el color que adquieren los panes durante la cocción.

Cuando el pan esté cocido, sácalo del horno y déjalo enfriar en la misma cocina sobre una rejilla, en un lugar sin corrientes de aire. Una vez frío, puedes taparlo con un paño de algodón para conservarlo en perfectas condiciones hasta el momento mágico de comértelo.

El hojaldrado

Vamos a ver a continuación los pasos que debes seguir para elaborar una buena masa hojaldrada.

El objetivo de los pliegues es obtener capas intercaladas de grasa (mantequilla) y de masa. En el horno, por la acción del calor, el agua que contiene la grasa se convierte en vapor; este vapor tiende a querer salir y empuja las capas de masa hacia arriba, lo que hace que la masa crezca a partir de los 10 minutos de cocción. Por otro lado, la grasa, una vez exenta de agua, se funde en las capas de masa, gracias a lo cual al finalizar la cocción se han formado láminas crujientes y sabrosas.

La proporción de mantequilla respecto a la masa y el número de pliegues cambia según se trate de elaborar un hojaldre o una masa para croissants.

Amasa los ingredientes siguiendo los pasos indicados en la pág. 22.

Masa de hojaldre:

215 g de mantequilla para 500 g de masa

5 pliegues sencillos

Masa de croissant:

170 g de mantequilla para 500 g de masa

3 pliegues sencillos

PROCESO DE HOJALDRADO

Después del amasado, divide la masa en porciones de 500 gramos cada una, estíralas un poco con el rodillo y ponlas en una bandeja tapada con plástico dentro de la nevera. Déjalas reposar así durante 1 hora como mínimo.

Corta la cantidad necesaria de mantequilla para preparar un hojaldre o croissants.

Envuelve la mantequilla en un trozo de film transparente y aplástala un poco con las manos hasta dejarla plana. Resérvala en la nevera.

Pon la masa sobre el mármol de la cocina ligeramente enharinado y coloca la lámina de mantequilla en el centro de la lámina de masa, intentando que quede lo más centrada posible.

Pliega la masa sobre la mantequilla hasta que quede cubierta y después estírala con el rodillo.

Realiza un pliegue sencillo de la siguiente manera: divide mentalmente la masa en tres partes; dobla la parte de la izquierda sobre la parte del medio, y después la parte de la derecha también sobre la del medio.

Tapa la masa y déjala reposar en la nevera durante 15 minutos.

Después del reposo, dale media vuelta al trozo de masa y estíralo horizontalmente hasta que tenga un grosor de 1,5 cm. Una vez estirado, ya está listo para el siguiente pliegue sencillo.

En total, debes hacer tres pliegues sencillos a la masa para croissants, y cinco pliegues a la masa de hojaldre.

Tras darle los pliegues necesarios, deja reposar la masa durante 30 minutos en la nevera, tapada con plástico. Luego puedes formar las piezas.

El mágico proceso de la fermentación: la masa crece y crece

La fermentación es la etapa de la panificación que más influye en el sabor y el aroma del pan. En una correcta fermentación se producen una serie de reacciones decisivas para la óptima calidad del pan.

La fermentación se inicia en el mismo momento en que se incorpora la levadura a la masa, por eso debes agregarla cuando la masa está casi lista. Las células de la levadura empiezan a consumir los azúcares que por naturaleza existen en la harina, glucosa y fructosa primero, y sacarosa y maltosa después (la terminación -osa significa que estamos hablando de un azúcar). Al consumir dichos azúcares, la levadura los transforma en anhídrido carbónico y alcohol.

El anhídrido carbónico, al quedar atrapado por la red de gluten que se ha formado durante el amasado, da volumen a la masa, la cual se hincha como si fuera un globo. Por eso es tan importante amasar bien: si no se forma una buena masa, después, durante la fermentación, ésta no podrá retener los gases y no se hinchará correctamente.

Otras reacciones, más complejas, que también tienen lugar durante la fermentación y responden a la actividad enzimática de la masa, provocan la creación de una serie de ácidos (láctico y acético principalmente) que dan sabor y aroma al pan, además de su capacidad de conservación.

Por lo tanto, la fermentación ideal es aquella en la que la masa tiene el tiempo suficiente para desarrollar, por una parte, el gas carbónico y, por la otra, los ácidos mencionados. Así, la clave de la fermentación es el tiempo: un mayor tiempo de fermentación significa un pan de mejor calidad. El proceso de fermentación solo se puede acelerar en masas azucaradas o masas de bollería con adición de mantequilla, azúcar y huevos. En estos casos, la cantidad de levadura debe ser mayor y el tiempo de fermentación más corto para obtener mejores resultados.

Una de las cosas más difíciles del proceso de elaboración del pan es decidir cuándo poner el pan en el horno, es decir, saber en qué momento el pan está suficientemente fermentado.

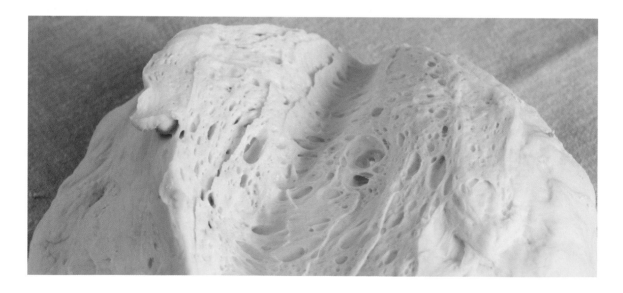

¿CUÁLES SON LOS RIESGOS DE EQUIVOCARSE?

Si el pan está poco fermentado te quedará pesado, con una miga poco esponjosa y muy húmeda, apelmazada. La corteza no será crujiente y enseguida se pondrá blanda y gomosa. No será un buen pan. Si el pan está demasiado fermentado, verás que cuando lo cortas con la cuchilla antes de meterlo en el horno se hunde y se deshincha. En el horno al principio crecerá, pero casi al final de la cocción se encogerá y quedará pequeño. Será insípido, tendrá la corteza quebradiza y se secará rápidamente. También le costará coger color debido a que la levadura ha consumido buena parte de los azúcares de la masa.

Mi consejo es que atiendas a tu experiencia conforme la vayas ganando, pues la fermentación no es una ciencia exacta. No pasa nada si te equivocas y horneas el pan cuando todavía no era el momento ideal. Puestos a elegir, es mejor el pan poco fermentado que pasado de fermentación, porque en el horno acaba de coger el volumen necesario.

CONSEJOS PARA UNA BUENA FERMENTACIÓN

Pon poca levadura a la masa para que el tiempo de fermentación sea largo. Ten paciencia y espera a que sea el momento para hornearlo. Recuerda que la masa necesita su tiempo y no quiere prisas.

Intenta que la cocina esté a una temperatura de entre 22 y 24 °C mientras amasas para que después la fermentación sea correcta. Esa es la temperatura ideal para que la levadura haga su trabajo durante todo el proceso.

Tapa la masa con un paño húmedo (no mojado, solo húmedo) mientras fermenta, porque si se seca la fermentación es muy lenta y difícil.

En invierno deja que el pan fermente al lado de un radiador, al sol del mediodía o en la habitación más cálida de la casa. Si hace mucho frío debes poner un poco más de levadura en la masa para que ésta no se «duerma» demasiado.

En verano busca el lugar más fresco o incluso deja fermentar la masa dentro de la nevera de un día para otro. Reduce un poco la cantidad de levadura y utiliza agua fría de la nevera para amasar.

No dejes que la masa adquiera mucho volumen durante la fermentación, intenta tan solo que doble el volumen que tenía antes de empezar a fermentar, después de haber dado forma a los panes.

Para saber si la masa ya está fermentada, presiónala ligeramente con un dedo. Si al retirar el dedo la marca desaparece enseguida, es que está lista. Esta prueba y el volumen que ha adquirido el pan son dos medidas subjetivas que indican si ya ha llegado el precioso y esperado momento de introducir el pan en el horno.

El pan es saludable
Conceptos básicos de salud

La historia del pan está directamente ligada a la del hombre. Durante muchos siglos el pan ha sido un alimento determinante para la supervivencia de muchos pueblos, y en la actualidad todavía goza de una privilegiada posición en nuestra alimentación, pues es un alimento valioso desde el punto de vista nutricional.

En estos tiempos en que abunda el sobrepeso, el sedentarismo, las prisas y, en muchas ocasiones, la mala alimentación, el pan es un alimento excelente, porque es saciante, exento de grasas, con pocas calorías y con muchos nutrientes.

En cuanto a los beneficios nutricionales, el pan se destaca sobre todo por su aporte en hidratos de carbono de absorción lenta (aproximadamente el 58 %), que se almacenan en nuestro cuerpo en forma de energía y no de grasa, como ocurre con los alimentos ricos en azúcares simples y grasas. Cuando se busca una dieta equilibrada, es fundamental ingerir hidratos de carbono, considerados una óptima fuente de calorías.

El pan no debe mirarse sólo como proveedor de energía, sino también como fuente importante de proteínas, aunque no de gran valor biológico, puesto que no contiene todos los aminoácidos esenciales y presenta un nivel pobre de lisina. Es necesario tomar otros alimentos más ricos en proteínas, como carne o pescado, con el pan para que el valor de la proteína total aumente.

La ingesta de 100 gramos de pan cubre el 32 % de la necesidad diaria de proteínas vegetales.

Por lo que se refiere a la grasa, en el pan es prácticamente inexistente, exceptuando aquellos panes en los que durante su elaboración se añade alguna sustancia grasa, como el pan de mantequilla o los bollos de leche, por ejemplo.

La fibra vegetal, tan recomendada por médicos nutricionistas, está sobre todo presente en los panes integrales, elaborados con harina integral, procedente de la molturación del grano de trigo entero, sin separar el salvado (parte exterior del grano) de la harina. El pan blanco aporta unos 3,5 gramos de fibra vegetal por cada 100 gramos de pan, mientras que el integral aporta 7,5 gramos. La fibra ayuda a regular el tránsito intestinal y previene enfermedades propias de un consumo elevado de grasas.

El pan también aporta hierro, cinc, magnesio, potasio, niacina y vitaminas del grupo B1, B2 y B6.

En resumen, podemos decir que el pan debería ocupar un papel destacable en la dieta habitual, ya que los hidratos de carbono, las proteínas, las vitaminas y la fibra que contiene cubren una importante fracción de la necesidad diaria que tiene el organismo de estas sustancias.

En respuesta a la pregunta de si el pan engorda, cabe decir que la obesidad se debe por lo general a un desequilibrio energético, asociado al sedentarismo y a un bajo consumo de energía. El pan es un alimento rico energéticamente, y su consumo excesivo asociado a la falta de ejercicio puede ocasionar el lógico sobrepeso, aunque esto ocurre de idéntico modo con otros alimentos (pasta, patatas...) que tienen parecida composición aunque no sufren la mala fama del pan.

Se ha constatado que la gran mayoría de las personas con sobrepeso toman más cantidad de grasa que de hidratos de carbono, y que el aumento del consumo de cereales y productos derivados como el pan ayuda a corregir el perfil calórico de la dieta y a controlar el peso.

Mi consejo es que comas pan, la cantidad adecuada a tu gasto energético diario, y a poder ser, uno proveniente de largas fermentaciones, que descomponen parte del almidón y, por tanto, hacen que sea más digerible. Alterna los panes blancos y los de fibra, y prémiate también de vez en cuando con esos panes enriquecidos con otros alimentos (chocolate, frutos secos, semillas...) que te harán disfrutar del placer de comer pan.

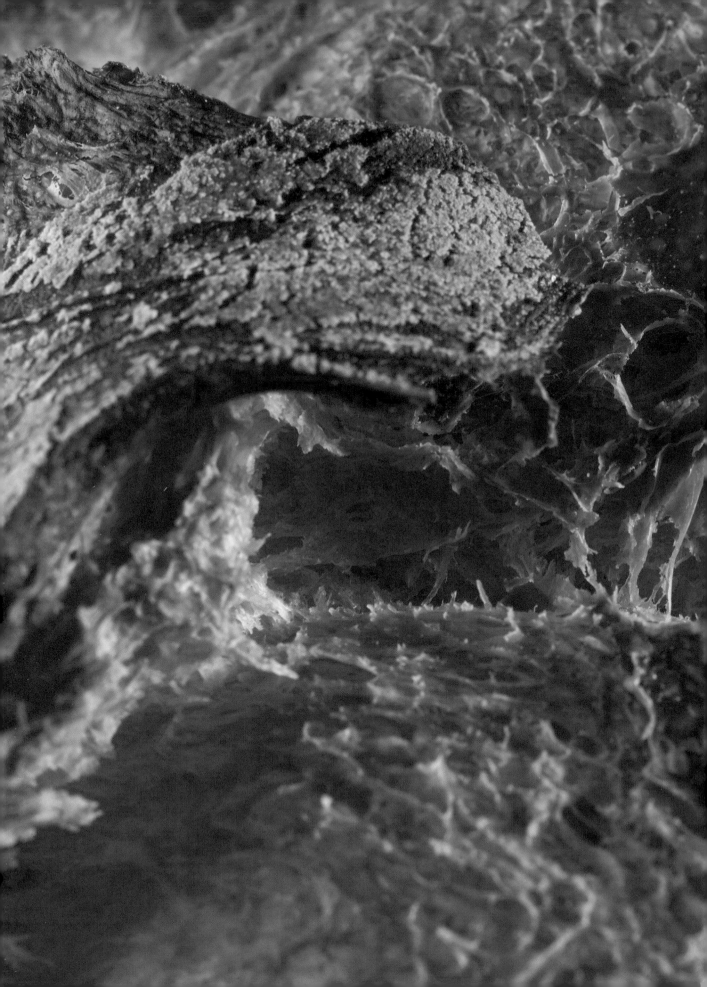

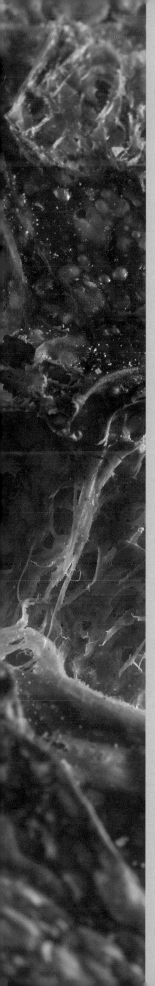

PANES CLÁSICOS

Encontrarás los panes de siempre, de miga
bastante blanca y pensados para comer cada
día. Los puedes elaborar en forma de barra
o de hogaza para obtener rebanadas
muy apetitosas.

Pan grande con masa madre natural

Unta rebanadas de este pan con tomate maduro y rocíalas con aceite de oliva virgen extra y un ligero toque de sal.

Receta para 2 panes

500 g de harina panificable

9 g de sal

350 ml de agua

220 g de masa madre natural (pág. 18)

Amasa los ingredientes e incorpora la masa madre partida en trozos a mitad del amasado. Deja reposar la masa durante 1 hora tapada con un paño húmedo.

Vuelca la masa sobre la mesa de trabajo y dóblala por la mitad como si fuera una hoja de papel. Déjala reposar durante 90 minutos en el lugar más cálido de tu cocina.

Divide la masa en dos trozos de 500 gramos y déjalos reposar 15 minutos. Luego dales la forma que quieras, de pan redondo o de barra corta. Coloca ambas piezas sobre una tela de lino con bastante harina y con la parte «fea» del pan hacia abajo.

Tapa la masa con un paño húmedo y deja que fermente durante 3 horas o hasta que haya doblado su volumen. Mientras, precalienta el horno a 230 °C y coloca en su interior una pequeña olla con paños mojados para generar vapor. Si los paños se secan pasado un tiempo, añade más agua a la olla. Cuando el pan esté listo para ir al horno, dale cuidadosamente la vuelta con la mano y deposítalo directamente sobre la placa de gres o la bandeja de horno. Baja la temperatura a 185 °C.

Deja que el pan se cueza lentamente durante unos 70 minutos. Sácalo del horno y déjalo enfriar sobre una rejilla evitando las corrientes de aire.

CORTA EL PAN en rebanadas y congélalas por separado envueltas en papel de aluminio. Cuando quieras hacerte una exquisita tostada, saca una rebanada, descongélala a temperatura ambiente y tuéstala en la tostadora eléctrica o en el horno.

Pan para bocadillos en sistema directo

Este pan es muy fácil de hacer y queda muy bien con cualquier embutido o paté suave.

Receta para 7 bocadillos

500 g de harina panificable

10 g de sal

300 ml de agua

5 g de levadura fresca

Amasa los ingredientes e incorpora la levadura en los últimos minutos de amasado. Deja reposar la masa tapada con un paño de cocina ligeramente húmedo durante 30 minutos dentro de un bol de plástico con un poco de harina en la base.

Con el cortapastas, divide la masa en 7 porciones de 120 gramos. Deja reposar las porciones tapadas con el paño húmedo durante 15 minutos más encima de una mesa de trabajo enharinada.

Forma barritas siguiendo los pasos del apartado sobre el formado (pág. 25). Haz las piezas más o menos largas según te apetezca. Pon las barritas sobre una tela de lino, tápalas con el paño húmedo y déjalas fermentar durante 90 minutos.

Precalienta el horno a 230 °C y coloca en su interior una pequeña olla con paños mojados para generar vapor. Si observas que los paños se secan pasado un tiempo, añade más agua a la olla.

Cuando el pan esté listo para ir al horno (debes ver que casi ha doblado el volumen), coloca las barritas con cuidado sobre la bandeja del horno y realiza un corte longitudinal con el cúter o la cuchilla.

Introduce el pan en el horno y baja la temperatura a 200 °C. Procura hacer esta operación rápidamente para no perder vapor en el horno. Cuece las barritas durante unos 15 minutos.

Sácalas del horno y déjalas enfriar. Ya estarán listas para que hagas unos bocadillos estupendos.

ESPOLVOREA HARINA con un colador fino sobre las barritas antes de cocerlas, verás como su aspecto al final es más apetecible.

Pan rústico aromático

Saborea la mezcla de aromas del pan en contraste con la textura de un queso suave.
No olvides un toque de aceite de oliva extra virgen.

Receta para 4 panes

500 g de harina panificable

8 g de sal

320 ml de agua

5 g de levadura fresca

10 g de germen de trigo

Una pizca de nuez moscada

Una pizca de canela molida

Una pizca de ralladura de limón y de naranja

Tuesta el germen en el horno hasta que tenga un bonito color dorado. Cuando esté frío, mézclalo con la nuez moscada, la canela y las ralladuras de limón y naranja. Puedes hacerlo el día antes y guardar la mezcla en un bote bien cerrado.

Amasa los ingredientes junto a la mezcla de aromas anterior. Deja que la masa repose durante 1 hora cubierta con un paño húmedo. También puedes dejar la masa bien tapada con una lámina de plástico en la nevera hasta el día siguiente, verás qué sorpresa tan agradable.

Divide la masa en cuatro porciones de 250 gramos y déjalas reposar 15 minutos tapadas con un paño húmedo. Forma barras cortas sin demasiada punta. Ponlas sobre una tela de lino con bastante harina y tápalas con un paño para que no se sequen durante la fermentación.

Deja que la masa fermente durante 2 horas o hasta que doble su volumen. Mientras, precalienta el horno a 240 °C y pon en su interior una pequeña olla con paños mojados para generar vapor.

Cuando los panes estén listos para ir al horno deposítalos directamente sobre la piedra del horno. Baja la temperatura a 190 °C y deja que el pan se cueza lentamente durante unos 45 minutos.

PARA POTENCIAR EL SABOR de este pan, puedes incorporar 200 g de masa madre natural al amasado: los sabores dulce de la canela y ácido del limón y la naranja contrastarán con el aroma láctico de la masa madre. Esta original y explosiva combinación no dejará indiferente a quien la pruebe.

PANES CON FIBRA

Como es un elemento necesario
e indispensable para regular el tránsito intestinal,
hemos seleccionado una rica variedad de panes
con una alta proporción de fibra, aunque sin
renunciar al sabor de los auténticos panes
integrales.

Pan integral de trigo, centeno y espelta con quinoa y semillas

No olvides tener cerca una buena paleta de jamón serrano para acompañar este nutritivo pan.

Receta para 2 panes de molde

200 g de harina de trigo integral

200 g de harina de espelta integral

100 g de harina de centeno integral

10 g de sal

310 ml de agua

5 g de levadura fresca

75 g de quinoa

50 g de semillas variadas (lino, sésamo, pipas de calabaza, pipas de girasol, mijo)

Para rebozar

Semillas variadas (lino, sésamo, pipas de calabaza, pipas de girasol, mijo)

Tuesta ligeramente la quinoa y las semillas en el horno. A continuación, ponlas en un cuenco con 125 ml de agua y remuévelas bien. Deja remojar las semillas en la nevera durante 2 horas como mínimo. Puedes hacer esta operación el día antes de amasar el pan.

Pon todos los ingredientes en un bol grande, de un tamaño que te permita removerlos sin miedo a que se derrame nada.

Mezcla el conjunto con una cuchara de madera o con la mano (sujetando el bol con la otra mano para que no se mueva) hasta que veas que los ingredientes sólidos han absorbido el agua y se ha formado una masa parecida a un engrudo. Tapa la masa con un paño de algodón y déjala reposar a temperatura ambiente entre 30 y 60 minutos.

Pasado este tiempo, coloca la masa, que ahora tendrá mejor aspecto, sobre el mármol de tu cocina y amásala tal como se explica en el apartado sobre el amasado (pág. 21). Después de cada fase de amasado es importante que la masa repose unos 15 minutos en la nevera.

Repite un par de veces o tres la secuencia de amasado y reposo. Observarás que la masa va quedando más lisa y con mejor aspecto cada vez, sobre todo después del reposo (este proceso requiere tener paciencia). Cuando veas que la masa está lisa y elástica y que no se te pega en las manos ni en la mesa, significa que ya está amasada y lista para el último reposo. Déjala reposar entre 30 minutos y 1 hora tapada con un paño húmedo.

A continuación, divide la masa en dos piezas iguales. Boléalas ligeramente y déjalas reposar 15 minutos. Después forma dos barras sin puntas, píntalas con un pincel mojado en agua y rebózalas con la mezcla de semillas.

Unta los moldes con un poco de aceite de oliva (si los moldes son de silicona no hace falta untarlos) y coloca una barra en cada uno. Deja fermentar los panes en el lugar más cálido de la cocina durante 90 minutos, tapados con un paño húmedo.

Calienta el horno a 250 °C, generando vapor con una pequeña olla llena de paños muy mojados. Añade agua a la olla si los paños se secan; hazlo rápidamente para evitar la pérdida de vapor. Moja los moldes con el pulverizador de agua por los lados y por arriba cuando los panes estén fermentados e introdúcelos en el horno. Baja la temperatura del horno a 190 °C aproximadamente y cuece los panes durante 35 minutos.

Una vez cocidos, desmóldalos y ponlos sobre una rejilla para que se enfríen bien.

Pan de molde integral

Ideal para cortarlo en rebanadas. Con un poco de aceite de oliva y de jamón cocido supone una buena fuente de fibra casi exenta de grasas.

Receta para 2 panes

375 g de harina de trigo blanca
   y 125 g de salvado fino o:
500 g de harina integral

9 g de sal
100 g de masa madre natural (opcional)
350 ml de agua
15 g de levadura fresca

Remoja el salvado fino con el agua del amasado durante 2 horas. Esto hará que el pan se conserve tierno durante más tiempo.

Amasa la mezcla de salvado y agua con el resto de los ingredientes siguiendo los pasos habituales (pág. 21). El tiempo de amasado será un poco mayor que si usaras harina blanca y salvado en lugar de harina integral, debido a que el salvado dificulta un poco el proceso. Esta masa admite más agua que la del pan blanco, así que añade un poco si ves que está muy dura. Deja reposar la masa durante 15 minutos tapada con un paño húmedo.

Divide la masa en dos piezas de 430 gramos cada una. Forma dos barras sin puntas y ponlas dentro de unos moldes de aluminio o silicona untados con un poco de aceite de oliva. Deja fermentar los panes en el lugar más cálido de la cocina durante 60 minutos.

Precalienta el horno a 250 °C y pon en su interior una pequeña olla con paños mojados para generar vapor.

Moja los moldes con el pulverizador de agua por los lados y por arriba cuando los panes estén fermentados. Haz un corte a la masa con la cuchilla o el cúter e introduce los moldes en el horno. Baja el horno a 190 °C y cuece el pan durante 35 minutos.

Cuando el pan esté cocido, saca las piezas del molde y ponlas sobre una rejilla para que se enfríen correctamente.

CUANDO TENGAS LOS MOLDES formados, mójalos con agua y rebózalos por arriba con salvado fino. Verás que, una vez cocidos, resultan más apetitosos y contienen más fibra.

Barritas de cereales y mezcla de semillas

Elabora mini bocadillos con un poco de mantequilla salada y una generosa ración de salmón ahumado. La combinación es exquisita.

Receta para unas 20 barritas

325 g de harina panificable

50 g de harina de centeno integral

75 g de harina de trigo integral

50 g de harina panificable tostada

10 g de sal

5 g de malta tostada en polvo

350 ml de agua

10 g de levadura fresca

125 g de mezcla de semillas (lino, amapola, sésamo tostado, mijo, copos de avena, pipas de girasol, pipas de calabaza)

Prepara la masa con las diferentes harinas y la malta siguiendo el método de costumbre (pág. 21). Cuando esté casi lista, incorpora la mezcla de semillas y un poco de agua y continúa amasando. Al principio cuesta, pero luego la mezcla se vuelve homogénea y bonita. Agrega la levadura pocos minutos antes de terminar el amasado.Deja reposar la masa durante 30 minutos, tapada con un paño húmedo.

Corta piezas de masa de 50 gramos y forma barritas con un poco de punta. Mójalas con el pulverizador de agua. Pon en una bandeja plana una buena cantidad de mezcla de semillas y reboza las barritas húmedas.

Coloca las barritas en una bandeja, tápalas con un paño húmedo y déjalas fermentar durante 75 minutos. Mientras, precalienta el horno a 250 °C con la olla de paños mojados.

Haz un corte longitudinal a las barritas pasando el cúter por encima de las semillas sin miedo y con decisión. Moja el pan con el pulverizador de agua y cuécelo durante 24 minutos. Recuerda bajar el horno a 200 °C.

HAZ BARRITAS DE UN SOLO TIPO de semillas, por ejemplo, dos barritas de sésamo, dos de amapola, dos de mijo, dos de pipas de girasol, etcétera, y obtendrás un divertido surtido para que cada uno elija lo que prefiera.

Rebanadas de pan de centeno con higos y avellanas tostadas

Pruébalo untado con un poco de mantequilla y mermelada de frambuesa.

Receta para 2 moldes

250 g de harina de centeno integral

5 g de sal

250 g de masa madre natural

250 ml de agua caliente (a 35 o 40 °C)

3 g de levadura fresca

150 g de higos secos cortados en cuartos

150 g de avellanas sin piel tostadas

Mezcla manualmente la harina de centeno, la sal, el agua caliente y la masa madre hasta que esta última se disuelva en toda la masa. Puedes descansar durante 10 minutos y realizar el amasado en dos veces. Agrega los frutos secos e incorpóralos a la masa también a mano. Verás que la masa no liga y tiene un aspecto muy poco esperanzador; esto es así porque la harina de centeno tiene muy poca proteína y el amasado convencional es imposible. Añade la levadura al final.

Tapa la masa con un paño húmedo y déjala reposar en el mismo cuenco donde la has preparado durante 45 minutos.

Unta dos moldes de aluminio con aceite de oliva. Con las manos mojadas (sin miedo) coge trozos de masa y llena los moldes hasta   partes de su capacidad. Si las manos se te secan y la masa empieza a pegarse, mójatelas de nuevo antes de continuar. Deja fermentar los moldes durante 25 minutos en el lugar más caldeado de la cocina.

Precalienta el horno a 250 °C con vapor. Moja los moldes con el pulverizador de agua por los lados y también la masa y cuécelos durante 45 minutos a 190 °C.

Cuando los panes estén cocidos, sácalos inmediatamente del molde para que puedan enfriarse bien. ¡Cuidado con las quemaduras!

CON ESTA MISMA MASA puedes hacer un estupendo y sencillo pan de centeno integral sin añadir nada más o inventar tu propio pan de centeno con el fruto seco que más te apetezca (prueba con almendras caramelizadas, está exquisito).

PANES MUY AROMÁTICOS

Aromas potentes, variedades muy originales
y combinaciones de ingredientes cuidadosamente
escogidos para que elabores panes de calidad
con carácter y sabores que no dejarán indiferentes
a tus invitados.

Pan de verduras

Este pan acompañará perfectamente tus platos más suculentos. Pruébalo con un delicioso filete y una copa de buen vino tinto.

Receta para 4 panes

500 g de harina panificable

10 g de sal

50 g de copos de patata

100 g de masa madre natural
(opcional pero recomendable)

290 ml de agua

5 g de levadura fresca

125 g de espinacas

75 g de zanahoria cortada en dados

75 g de lentejas pardinas cocidas

75 g de pipas de calabaza

harina de arroz para pulverizar

Prepara la masa manualmente o con la ayuda del robot (pág. 21) todos los ingredientes de la receta excepto los dados de zanahoria, las lentejas pardinas y las pipas de calabaza. El tiempo de amasado dependerá en buena medida de las características de la harina que utilices (el tipo de extracción, la cantidad de proteínas, la humedad...) y de la cantidad de agua que añadas al amasado.

Cuando la masa obtenida esté lisa, incorpora la zanahoria, las lentejas y las pipas y sigue trabajándola hasta formar una masa completamente homogénea.

Déjala reposar durante 45 minutos tapada con un paño húmedo.

Pasado este tiempo, divídela en 4 piezas de 325 gramos cada una. Bolea ligeramente las piezas y déjalas reposar 15 minutos. Si hay corriente de aire o un ambiente muy seco, tapa las piezas de masa con un paño.

Una vez terminado el reposo, forma barrotes cortos sin puntas y colócalos sobre un paño de algodón o una tela de lino espolvoreados con una mezcla de harina de trigo y de arroz para que no se peguen.

Déjalos fermentar durante 3 horas, o hasta que casi hayan doblado su volumen. Intenta que el pan fermente en un lugar cálido y sin corrientes de aire. Tápalo, no obstante, con un paño húmedo, y si el paño se seca, pulverízalo con agua de vez en cuando.

Mientras tanto calienta el horno a 230 °C, generando vapor con una olla llena de paños mojados. Coloca una placa de gres o cerámica, que servirá de base para cocer los panes, sobre la rejilla del horno para que se vaya calentando también.

Cuando los panes hayan fermentado, hazles un corte a lo largo con la cuchilla. Deposítalos directamente sobre la piedra del horno y pulverízalos con agua. Realiza esta operación lo más rápidamente que puedas para evitar que se escape el vapor del horno.

Baja la temperatura a entre 185 y 190 °C y cuece el pan lentamente durante unos 32 minutos.

Cuando saques el pan del horno, colócalo en una rejilla para que se enfríe, evitando las corrientes de aire.

Minichapatas de aceitunas, nueces y beicon

Acompaña este pan con una copita de vino blanco fresco. Notarás en la boca el exquisito contraste de las dos fermentaciones naturales y casi mágicas, la del pan y la del vino.

Receta para 20 minichapatas

Para la masa base

500 g de harina panificable

8 g de sal

300 ml de agua

7 g de levadura fresca

Para condimentar

25 ml de aceite de oliva

75 g de aceitunas negras

75 g de aceitunas verdes

25 g de nueces peladas

50 g de beicon

Hierbas provenzales al gusto

Pon las hierbas provenzales en un cuenco alto y añade el aceite de oliva. Resérvalo. Corta el beicon en dados pequeños y pásalo por la sartén hasta que esté bien dorado y crujiente. Corta las aceitunas en trozos y mézclalas con las nueces y el beicon. Reserva esta mezcla en la nevera durante 2 horas como mínimo.

Prepara la masa como de costumbre (pág. 21). Incorpora la mezcla de aceitunas, nueces y beicon cuando la masa esté lista, y vuelve a amasar durante 1 minuto para obtener una masa homogénea. Tápala con plástico y déjala reposar en un cuenco en la nevera hasta el día siguiente. Con este largo reposo, el aroma y el sabor del pan serán impresionantes.

Al día siguiente, estira la masa sobre el mármol de la cocina un poco aceitado y deja que pierda frío durante 30 minutos.

Ahora deja volar tu imaginación y corta la masa en porciones de 35 gramos de las formas que más te gusten (cuadradas, alargadas, grandes, pequeñas, con un cortapastas redondo...). Déjalas fermentar durante 45 minutos en la bandeja que después irá al horno.

Precalienta el horno a 250 °C y pon en su interior una pequeña olla con paños mojados para generar vapor. Si los paños se secan pasado un tiempo, añade más agua a la olla.

Hornea el pan a 220 °C unos 12 minutos. Rocía las paredes del horno con agua para que se forme más vapor.

Cuando las piezas estén cocidas y frías, píntalas con el aceite aromatizado con las hierbas provenzales.

HAZ MINI BOCADILLOS con una lámina de foie y un poco de sal maldon y preséntalos abiertos. Son una de esas tentaciones a las que es difícil resistirse.

Pan de chocolate, pistachos y canela

Te resultará delicioso tanto en la merienda como en el postre tras un duro día de trabajo.

Receta para 2 moldes

Para la masa base

500 g de harina panificable

8 g de sal

300 ml de agua

10 g de levadura fresca

Para condimentar

125 g de gotas de cobertura de chocolate

125 g de pistachos verdes pelados

Una pizca de canela en polvo

Confecciona la masa base (pág. 21). Añade el chocolate, los pistachos y la canela y sigue amasando hasta obtener una masa homogénea. Cúbrela con plástico y déjala reposar en un cuenco dentro de la nevera hasta el día siguiente.

Cuando vayas a preparar las piezas, divide la masa en dos porciones de 450 gramos cada una. Deja que pierdan frío durante 30 minutos.

Forma barritas sin punta (formato molde) y ponlas a fermentar en un lugar cálido de tu cocina durante 90 minutos o hasta que doblen el volumen inicial.

Precalienta el horno a 250 °C generando vapor de la forma habitual.

Realiza un corte en la parte superior de los moldes y hornéalos a 210 °C durante 24 o 27 minutos. Mójalos con el pulverizador antes de meterlos en el horno.

Cuando estén cocidos, desmóldalos y déjalos enfriar.

EL CHOCOLATE BLANCO también puede utilizarse en esta receta. Verás que la combinación de colores con el verde del pistacho es muy atractiva. Si no lo encuentras en forma de gotas, compra una tableta. Intenta que no quede ningún trozo en la parte exterior de la masa, porque se quemaría en el horno.

Panecillos de castaña y naranja

Tómalos sin ningún acompañamiento, pues tienen suficiente personalidad y sabor.
Eso sí, compártelos con quien más quieras.

Receta para 20 panecillos

Para la masa base

500 g de harina panificable

10 g de sal

300 ml de agua

10 g de levadura fresca

Para el relleno

Rodajas de naranja confitada

Castañas en almíbar ligero

Confecciona la masa base (pág. 21) y déjala reposar durante 45 minutos tapada con un paño húmedo. Mientras, escurre la naranja y las castañas del exceso de almíbar durante 15 minutos.

Divide la masa en porciones de 40 gramos. Aplasta ligeramente cada porción con los dedos hasta formar una especie de galleta. Pon en el centro una rodaja de naranja y encima una castaña. Cierra los bordes del pan de fuera hacia dentro hasta cubrir por completo la castaña y la naranja.

Coloca los panecillos con la parte «fea» hacia abajo sobre un trapo de algodón con bastante harina y déjalos fermentar durante 1 hora.

Precalienta el horno a 250 °C, con una olla pequeña dentro llena de paños mojados para generar vapor.

Una vez fermentados, voltea los panecillos con cuidado y colócalos sobre la bandeja de horno. Introdúcelos en el horno y baja la temperatura a 210 °C. Cuécelos durante unos 15 minutos o hasta que estén dorados.

INVENTA PANECILLOS de otros sabores si no te gusta la naranja o la castaña. Utiliza el mismo sistema para rellenar el pan de trozos de fruta, queso, embutido o lo que más te guste.

Panecillos de albahaca, tomate seco y queso de cabra gratinado

Estos panecillos llevan todo lo necesario, acompáñalos solo con una copa de vino blanco o una cerveza bien fría.

Receta para 20 panecillos

Para la masa base

500 g de harina panificable

10 g de sal

300 ml de agua

10 g de levadura fresca

Una cucharada pequeña de albahaca fresca picada

Para el gratinado

Rodajas de queso de cabra

Tomates secos de primera calidad

Prepara la masa base (pág. 21) con la albahaca y déjala reposar durante 45 minutos tapada con un paño húmedo.

Córtala en porciones de 40 gramos y forma bolitas lo más redondas posible. Haz que fermenten durante 1 hora.

Precalienta el horno a 250 °C con una pequeña olla dentro llena de paños mojados para crear vapor.

Una vez fermentados los panecillos, hazles un corte en la parte superior con unas tijeras. Coloca una rodaja de queso de cabra encima del panecillo y un trozo de tomate encima del queso. Fíjalo todo con un palillo.

Introduce los panecillos en el horno y baja la temperatura a 210 °C. Cuécelos unos 15 minutos o hasta que se haya dorado la superficie.

Cuando los saques del horno, rocía los panecillos, y sobre todo el tomate, con un poco de aceite de oliva.

PON ALBAHACA A TU GUSTO, o alguna otra hierba si lo prefieres, como tomillo u orégano. También puedes preparar tu propia mezcla de hierbas aromáticas para darle tu toque maestro al pan.

PANES DULCES

Porque el pan también puede ser blando, esponjoso y de corteza fina, hemos seleccionado estas piezas blancas que están a medio camino entre la bollería y el pan. El denominador común a todos ellos son el intenso aroma y el sabor a leche y mantequilla.

Panecillos de mantequilla tostada

Ideales para desayunar o merendar, están deliciosos untados con un poco de mantequilla y mermelada de fresa. Muy indicados para personas con problemas de masticación, ya que casi no tienen corteza y son muy blandos.

Receta para 10 panecillos

500 g de harina panificable

10 g de sal

280 ml de agua

15 g de levadura fresca

30 g de mantequilla

15 g de azúcar

10 g de leche en polvo

Funde la mantequilla y cuécela hasta que tenga un bonito color dorado. Déjala enfriar.

Prepara la masa como de costumbre (pág. 21) con todos los ingredientes. Divídela en piezas de 80 gramos cada una y forma bolas sin apretar demasiado. No tienen que quedar perfectas. Deja reposar las piezas durante 30 minutos tapadas con un paño húmedo.

Forma los panecillos encima del mármol de la cocina espolvoreado con harina, cerrando los extremos de las piezas hacia el interior como si doblaras un pañuelo. Coloca los panecillos con la parte de los pliegues hacia abajo sobre un paño de cocina con bastante harina para que fermenten.

Precalienta el horno a 250 °C y pon dentro una pequeña olla con paños mojados para que se cree vapor. Si los paños se secan al cabo de un rato, añade más agua a la olla.

Cuando hayan doblado su volumen, da la vuelta a los panecillos y ponlos en la bandeja de cocción. Pulverízalos con agua y hornéalos a 220 °C durante 16 o 18 minutos.

PUEDES REBOZAR LOS PANECILLOS, una vez formados, con semillas de sésamo y hacer estupendos bocadillos de hamburguesa.

Pan de aceite y comino

Como todos los panes dulces, puedes tomarlo solo para merendar o desayunar.

Receta para 10 barritas

Para la masa base

500 g de harina de media fuerza

10 g de sal

100 ml de agua

250 ml de aceite de oliva virgen

20 g de anís en grano o comino

20 g de levadura fresca

Para el acabado

1 huevo

Azúcar

Prepara la masa manualmente (pág. 21) con todos los ingredientes, incorporando al principio todo el agua y añadiendo aceite conforme la masa se vaya formando y alisando. Tendrás que dar a la masa más descansos de lo habitual durante el amasado, y el tiempo total será más largo. Recuerda agregar la levadura y el comino cuando falten pocos minutos para acabar el amasado.

Deja reposar la masa tapada con un paño húmedo durante 45 minutos. Después córtala en piezas de 80 gramos y dales un poco de forma de bola. Déjalas descansar nuevamente durante 20 minutos.

Forma barritas con un poco de punta, ponlas en una bandeja de horno y píntalas con el huevo ligeramente batido. Deja que fermenten durante 90 minutos.

Precalienta el horno a 250 °C con una pequeña olla llena de paños mojados dentro para generar vapor.

Vuelve a pintar las barritas con huevo y hazles un corte longitudinal de punta a punta. Pon un poco de azúcar en medio del corte. Hornéalas a 230 °C durante 12-14 minutos o hasta que veas que adquieren un bonito color dorado.

SI LO HACES EN FORMA DE PAN DE MOLDE, podrás cortarlo en rebanadas una vez frío y guardarlo en la nevera dentro de una bolsa de plástico. Se conservará tierno durante cuatro o cinco días.

Pan de leche

Estos panecillos aportan una buena cantidad de calorías y vitaminas, con poca grasa, a los más pequeños de la casa, que se los disfrutarán en desayunos y meriendas.

Receta para 10 barritas

Para la masa base

500 g de harina de media fuerza

12 g de sal

40 g de azúcar

25 g de leche en polvo

20 g de miel

1 huevo

250 ml de leche fresca

50 g de mantequilla

25 g de levadura fresca

Para pintar

1 huevo

Parte la mantequilla en trozos pequeños y déjala fuera de la nevera durante 30 minutos.

Prepara la masa como de costumbre (pág. 21) con todos los ingredientes, incorporando la leche poco a poco, a medida que la masa se vaya quedando seca. Al final incorpora la levadura fresca. La masa debe quedar bastante firme, pero lisa y bonita. Corta porciones de 80 gramos y déjalas reposar 30 minutos tapadas con un paño húmedo.

Forma barritas sin punta y ponlas en la bandeja de horno. Píntalas con el huevo ligeramente batido y mezclado con un poquito de sal. Hazles unos cortes casi laterales y bastante profundos con el cúter y ponlas a fermentar en un lugar cálido de la cocina durante 90 minutos.

Precalienta el horno a 250 °C generando vapor de la forma habitual, vigilando que no falte agua.

Cuando los panecillos casi hayan doblado su volumen, píntalos otra vez con huevo y hornéalos a 230 °C durante unos 12 minutos.

PUEDES ESPOLVOREARLOS CON AZÚCAR antes de meterlos en el horno. Si quieres realzar su sabor a mantequilla, píntalos con mantequilla fundida, una vez fríos; quedarán brillantes y con un aroma especial.

Panecillos de miel y piñones caramelizados

Ideales para darse un capricho a media tarde o para disfrutar de un rico tentempié.

Receta para 20 panecillos

Para la masa base

500 g de harina panificable

10 g de sal

280 ml de agua

15 g de levadura fresca

30 g de mantequilla

15 g de miel

70 g de piñones tostados

Para el caramelo

250 g de azúcar

50 g de mantequilla

125 g de piñones tostados

Tuesta los piñones y déjalos enfriar.

Prepara la masa base (pág. 21) con todos los ingredientes salvo los piñones. Justo antes de acabar el amasado, añade los piñones y la levadura, y amasa de nuevo para que se incorporen bien. Deja reposar la masa durante 25 minutos tapada con un paño húmedo.

Corta piezas de 40 gramos y forma bolas lo más redondas posible. Déjalas fermentar durante 1 hora sobre la bandeja de horno en la que van a cocerse, tapadas con un paño húmedo para que no se sequen.

Precalienta el horno a 250 °C generando vapor.

Pulveriza los panes con agua y hornéalos a 220 °C durante 10 o 12 minutos. Deja que se enfríen.

Calienta el azúcar en un cazo con un poquito de agua. No remuevas. Cuando tenga un color dorado bonito y suave, incorpora con cuidado la mantequilla y seguidamente los piñones. Remueve un poco con una cuchara de madera evitando salpicaduras y retira el cazo del fuego.

Con unas pinzas largas de cocina, coge los panecillos por la base y mójalos en el caramelo con piñones. Déjalos enfriar sobre el mármol de la cocina.

MUY IMPORTANTE PARA TU SEGURIDAD

Trabajar con caramelo caliente (azúcar quemado) es muy peligroso, pues se adhiere a la piel y la quema gravemente nada más tocarla. Por lo tanto, es necesario tomar las siguientes precauciones:

- No toques jamás el caramelo con las manos cuando está hirviendo.
- No añadas jamás agua fría ni ningún otro líquido frío al caramelo cuando está hirviendo, porque salpica peligrosamente.
- No realices movimientos bruscos cuando trabajes con caramelo.
- Añade la mantequilla, los piñones o los frutos secos que quieras caramelizar con mucho cuidado y evitando salpicaduras.
- No dejes que los niños tengan acceso al caramelo cuando todavía está caliente.
- Déjalo enfriar por completo antes de tocarlo, y recuerda que tarda mucho.
- Lee atentamente cómo debes caramelizar los panecillos.

PRUEBA OTROS SABORES usando diferentes frutos secos, o bien una mezcla de los que más te apetezcan.

PANES CRUJIENTES

Texturas muy crujientes, quebradizas; panes con capas y capas de masa impregnada de mantequilla fundida, y otros con una sola capa pero muy fina, tostada y quebradiza.

Panes hojaldrados de olivada y pesto

Igual que la mayoría de los panes hojaldrados, resultan deliciosos como aperitivo, acompañado de una copa de vino o cerveza y, si quieres, unas aceitunas o algo más para picar.

Receta para unas 27 piezas

Para la masa base

500 g de harina panificable

10 g de sal

300 ml de agua

10 g de levadura fresca

Para el hojaldrado

270 g de mantequilla de primera calidad

Para el acabado

Olivada

Salsa pesto

Huevo para pintar

Piñones

Prepara la masa base (pág. 21). Cuando ya esté lisa y veas que no se te pega a los dedos, incorpora la levadura y finaliza el amasado. Sigue los pasos del hojaldrado (pág. 27).

Divide la masa en dos porciones de 400 gramos cada una y estíralas un poco con el rodillo. Coloca cada lámina en una bandeja tapada con plástico en la nevera. Déjalas reposar 1 hora.

Corta 135 gramos de mantequilla, envuélvela en un trozo de film y aplástala un poco con las manos hasta dejarla plana. Resérvala también así en la nevera.

Pon una de las láminas de masa sobre el mármol de la cocina ligeramente enharinado y sitúa la placa de mantequilla encima intentando que quede lo más centrada posible. Dobla la masa sobre la mantequilla de modo que la cubra del todo y después estírala con el rodillo.

Realiza un pliegue sencillo (pág. 29). Luego, dale la vuelta y vuelve a estirarla para repetir la operación. En total, debes doblarla sobre sí misma tres veces. Si te cuesta mucho estirarla, tápala con plástico y déjala reposar 15 minutos en la nevera.

Corta la masa por la mitad. Reserva una de las mitades en la nevera. Estira la otra mitad hasta que tenga un grosor de aproximadamente 1 centímetro.

Con una cuchara, esparce una capa de olivada y otra de salsa pesto por encima. Enrolla la masa hacia ti como un canuto. Ponla en la nevera tapada con plástico durante 15 minutos.

Corta el canuto de masa en porciones de un grosor de 2 centímetros (de unos 40 gramos) y colócalas en una bandeja de horno forrada con papel de hornear para que no se peguen. Pinta ligeramente las piezas con huevo y déjalas fermentar durante 45 minutos.

Precalienta el horno a 250 °C.

Esparce encima de cada pieza tres o cuatro piñones y hornea los panes 10 o 12 minutos.

Repite todo el proceso con las porciones de masa reservadas en la nevera.

CALIENTA LOS PANES PREPARADOS CON ANTELACIÓN durante 5 minutos en el horno antes de servirlos. Con esta masa puedes hacer otros panes usando diferentes tipos de salsas.

Bretzels hojaldrados de sésamo

Si los quieres para el aperitivo, haz piezas pequeñas, pero si vas a servirlos como tentempié, quedan mejor un poco más grandes.

Receta para unas 12 piezas

500 g de harina panificable

10 g de sal

300 ml de agua

10 g de levadura fresca

Para el hojaldrado

270 g de mantequilla de primera calidad

Para el acabado

Sésamo tostado

Confecciona la masa base (pág. 21). Cuando ya esté casi lisa agrega la levadura y finaliza el amasado.

Divide la masa en dos porciones de 400 gramos cada una, estíralas un poco con el rodillo y colócalas en una bandeja tapada con plástico dentro de la nevera durante 1 hora como mínimo.

Corta 135 gramos de mantequilla, envuélvela en un trozo de film y aplánala un poco con las manos. Resérvala en la nevera.

Pon una de las láminas de masa sobre el mármol de la cocina ligeramente enharinado y coloca la mantequilla aplanada encima lo más centrada posible. Dobla la masa hacia el centro tapando la mantequilla por completo. Estira la masa con el rodillo.

A continuación, realiza pliegues sencillos (pág. 29). En total, debes hacer esta operación tres veces. Si te resulta difícil estirar la masa después de doblarla, tápala con plástico y déjala reposar en la nevera durante 15 minutos.

Corta la masa por la mitad. Reserva una de las mitades en la nevera. Estira la otra hasta que tenga un grosor de 1 centímetro aproximadamente.

Con un pincel, pinta la masa estirada con agua y cúbrela por completo con sésamo tostado.

Corta con un cuchillo tiras de unos 25 centímetros de largo y unos 80 gramos y dales la forma característica de los bretzels cerrando los dos extremos hacia el centro de la pieza. Coloca los bretzels en una bandeja de horno forrada con papel de hornear para que no se peguen.

Déjalos fermentar durante 45 minutos.

Precalienta el horno a 250 °C.

Hornea las piezas durante 10 o 12 minutos.

Repite estos pasos con las demás porciones de masa reservadas en la nevera.

PRUEBA LOS BRETZELS CON OTRAS SEMILLAS, con pipas de girasol o de calabaza, o bien con un poquito de sal maldon por encima. Si los has hecho con antelación, caliéntalos 5 minutos en el horno para que estén más crujientes y sabrosos en el momento de comerlos.

Lucchis

Estas tortitas son ideales como tentempié o para acompañar aperitivos salados.

Receta para unas 10 piezas

500 g de harina panificable

10 g de sal

250 ml de agua

50 ml de aceite de oliva

Mezcla y amasa todos los ingredientes (pág. 21).

Sin dejar reposar la masa, divídela en piezas de 80 gramos y forma bolas trabajándolas bien hasta que queden lisas y apretadas.

Déjalas reposar durante 15 minutos tapadas con un paño húmedo para que no formen corteza.

Enharina la mesa de trabajo, pon encima las bolas de masa y aplánalas con un rodillo hasta que tengan un grosor de 1,5 centímetros.

Calienta una cantidad abundante de aceite de oliva en una sartén.

Fríe las piezas de una en una durante 1 minuto por cada lado, o hasta que adquieran un bonito color dorado.

Al sacarlas de la sartén, déjalas sobre un papel de cocina absorbente para que no queden demasiado aceitosas.

PARA HACER LUCCHIS DULCES, rebózalos con una mezcla de azúcar y una pizca de canela mientras todavía estén calientes. Una vez fríos, a los más pequeños de la casa les encantarán.

Tiras de 4 quesos

Estos sabrosos palitos resultan un tentador aperitivo al que no podrás resistirte.

Receta para obtener unas 27 piezas

Para la masa base

500 g de harina panificable

10 g de sal

300 ml de agua

10 g de levadura fresca

Para el hojaldrado

270 g de mantequilla de primera calidad

Para el acabado

Queso emmental rallado

Amasa los ingredientes de la masa base (pág. 21). Recuerda que debes incorporar la levadura al final, cuando la masa ya no se te pega a los dedos.

Divide la masa en dos trozos de 400 gramos cada uno y estíralos un poco con el rodillo. Ponlos en una bandeja, tápalos con plástico y mételos en la nevera. Déjalos reposar así durante 1 hora como mínimo.

Corta 135 gramos de mantequilla, envuélvela en un trozo de film y aplástala un poco con las manos hasta dejarla plana. Resérvala también así en la nevera.

Sigue los pasos indicados en el apartado referente al hojaldrado (pág. 27).

Divide la masa en dos partes iguales. Reserva una parte en la nevera. Estira la otra hasta que tenga un grosor de 1 centímetro más o menos.

Pinta esta lámina con agua con la ayuda de un pincel y esparce por encima queso emmental rallado hasta cubrirla por completo.

Corta con un cuchillo tiras de masa de unos 15 centímetros de largo y unos 40 gramos. Ponlas en una bandeja de horno forrada con papel de hornear para que no se peguen. Déjalas fermentar durante 45 minutos.

Precalienta el horno a 250 °C.

Hornea las piezas durante 10 o 12 minutos.

Repite todo el proceso con las porciones de masa reservadas en la nevera.

AÑADE OTROS TIPOS DE QUESO o algún ingrediente diferente, como pimiento rojo, para hacer tiras de sabores diferentes. Si las preparas con antelación, caliéntalas 5 minutos en el horno antes de servirlas para que queden bien crujientes.

Crujientes con aceite de oliva y sal maldon

Sírvelos de aperitivo para acompañar unas lonchas de jamón ibérico o unas láminas de carpaccio de buey.

Receta para obtener unas 10 piezas

Para la masa base

500 g de harina panificable

10 g de sal

300 ml de agua

5 g de levadura fresca

Para el acabado

Aceite de oliva

Sal maldon

Prepara la masa base con todos los ingredientes (pág. 21). Recuerda que debes incorporar la levadura cuando falten pocos minutos para acabar el amasado.

Sin dejar reposar la masa, divídela en piezas de 80 gramos y forma bolas lisas y bien apretadas.

Déjalas fermentar durante 45 minutos tapadas con un paño húmedo para que no formen corteza.

Aplana las bolas de masa con un rodillo sobre la mesa de trabajo ligeramente enharinada hasta que tengan un grosor de 1,5 centímetros.

Precalienta el horno a la máxima potencia. Pon una placa de gres o cerámica sobre la rejilla del horno. Una vez caliente, la placa servirá de base para cocer las piezas de pan.

Pinta los panes con aceite de oliva y espolvorea un poco de sal maldon por encima.

Colócalas de una en una en la placa de gres del horno, y hornéalas hasta que veas que se hinchan por completo y adquieren un bonito color dorado.

SÍRVELAS ENTERAS para que tus invitados las rompan y vayan cogiendo trozos irregulares. Será divertido ver quién se queda con el trozo más grande.

PANES DE OTROS MUNDOS

Mirar hacia el exterior y enriquecernos de esa maravillosa cultura que existe en torno al pan y sus interminables formas y variedades, propias y típicas de cada país, será un placer añadido al de realizar y probar estas deliciosas recetas.

Pan de centeno, trigo sarraceno y avena (Alemania)

Perfecto para servir a rebanadas. Sírvelo con un poco de queso y acompáñalo con un zumo de naranja natural, para empezar el día con fuerza.

Receta para 2 panes de molde

200 g de harina de centeno integral

200 g de harina de trigo sarraceno

100 g de harina de avena

12 g de sal

500 ml de agua

10 g de levadura fresca

Calienta el agua para que alcance una temperatura de más o menos 60 °C.

Mezcla en un bol los tres tipos de harina, la sal y la levadura desmenuzada. Añade el agua caliente. Remueve el conjunto hasta obtener una masa homogénea. Verás que es una masa muy pegajosa y sin consistencia, lo cual se debe a que prácticamente no contiene gluten.

Deja reposar la masa unos 15 minutos y a continuación vuelve a amasarla durante 2 o 3 minutos. Este tiempo de amasado, aunque sea corto, es suficiente.

Alisa la masa con una espátula mojada en agua y espolvoréala con harina de centeno. Tápala con un paño y déjala reposar durante 1 hora.

Pasado este tiempo, verás que la masa se ha agrietado, síntoma inequívoco de que ha iniciado la fermentación.

Si los moldes que vas a utilizar no son de silicona, píntalos con un poquito de aceite de oliva.

Reparte la masa en los moldes, llenándolos hasta las tres cuartas partes de su capacidad. Hazlo con una espátula mojada en agua para evitar que la masa se pegue. Alisa la masa y espolvorea la superficie con más harina de centeno.

Deja fermentar los moldes tapados con un paño en el lugar más cálido de tu cocina durante aproximadamente 2 horas. La masa volverá a agrietarse debido a la fermentación.

Calienta el horno a 250 °C y genera vapor en el interior poniendo dentro una pequeña olla con paños muy mojados. Añade agua a la olla si los paños se secan. Realiza esta operación lo más deprisa posible para evitar la pérdida de vapor.

Introduce los moldes en el horno, baja la temperatura a unos 190 °C y cuece los panes durante 35 minutos.

Cuando estén cocidos, sácalos de los moldes y déjalos enfriar por completo encima de una rejilla.

Pan de pita (Marruecos)

Este clásico pan árabe suele comerse relleno de carne de cordero asada y condimentado con verduras especiadas, aunque combina bien con otros muchos ingredientes. Lo mejor es tomarlo caliente, ya que así vuelve a adquirir su textura original.

Receta para unas 10 piezas

500 g de harina panificable

10 g de sal

275 ml de agua

5 g de levadura fresca

Amasa todos los ingredientes (pág. 21), menos la levadura, que se incorpora cuando falten pocos minutos para acabar el amasado.

Sin dejar reposar la masa, divídela en piezas de 80 gramos. Redondea las piezas hasta que obtengas unas bolas lisas y bien apretadas.

Deja fermentar durante 45 minutos las bolas de masa tapadas con un paño húmedo para que no formen corteza.

Pasado este tiempo, enharina la superficie de trabajo y alisa con un rodillo las bolas de masa hasta que queden de un grosor de 1,5 cm.

Precalienta el horno a la máxima potencia. Al mismo tiempo, calienta encima de la rejilla una placa de gres o cerámica, que servirá de base para cocer las pitas.

Hornea las pitas sobre la placa de gres de una en una hasta que veas que se hinchan por completo. El tiempo de cocción será de unos 3 minutos, y es importante que la placa de gres esté muy caliente para que la masa se hinche y se separe por dentro.

HAZ UNOS EXQUISITOS Y DIVERTIDOS MINI SÁNDWICHES con unas mini pitas de 20 gramos de masa. Una vez cocidas, rellénalas de jamón cocido y queso y pásalas por la sandwichera.

Tortitas americanas (América del Norte)

Normalmente se toman acompañadas de beicon a la plancha o con una hamburguesa. Sin embargo, también están ricas como tentempié o con algún aperitivo salado.

Receta para unas 10 piezas

500 g de harina panificable

10 g de sal

6 yemas de huevo

6 claras de huevo

30 g de mantequilla derretida

250 ml de leche

Mezcla en un cuenco hondo la harina, la sal, la leche, las yemas y la mantequilla derretida hasta obtener una masa lisa y densa.

En otro recipiente, bate las claras a punto de nieve. Ten mucho cuidado cuando separes las yemas de las claras y procura que estas últimas queden muy limpias, ya que si tienen un poco de yema no se esponjarán.

Agrega las claras batidas a la preparación anterior y remueve suavemente hasta que la mezcla sea homogénea.

Calienta la plancha y pásale un paño empapado de mantequilla derretida para evitar que las tortitas se peguen.

Cuando la plancha esté caliente, aunque no en exceso, vierte, con una cuchara grande, porciones de masa de unos 80 gramos.

Cuece las tortitas durante 2 minutos por cada cara y, cuando las saques, ponlas una encima de la otra para que se mantengan húmedas y tiernas.

SI HACES MUCHAS TORTITAS y no las consumes todas, guárdalas en un recipiente hermético. También puedes congelarlas durante una semana. En este caso, cuando vayas a comerlas, descongélalas y pásalas durante 2 minutos por la tostadora.

Focaccia de cebolla y emmental (Italia)

Sírvela templada como aperitivo o incluso como primer plato, y si lo que necesitas es un tentempié, esta focaccia también es una opción muy rica y completa.

Receta para unas 5 piezas
Para la masa base

500 g de harina panificable

10 g de sal

20 g de azúcar

40 g de manteca de cerdo

300 ml de agua

20 g de levadura fresca

Para cubrir

Cebolla sofrita

Queso emmental

Hierbas provenzales

Prepara la masa base con todos sus ingredientes (pág. 21), teniendo en cuenta que el tiempo de amasado será bastante largo. Observarás que la masa queda blanda, sin pegarse a los dedos, y muy lisa. Recuerda que no debes incorporar la levadura hasta que falten pocos minutos para acabar el amasado.

Sin dejar reposar la masa, divídela en porciones de unos 150 gramos. Pon cada porción en el interior de un molde de papel de aluminio (de los que venden en supermercados) pintado con aceite y extiéndela con los dedos hasta que cubra toda la base del molde y tenga un grosor de unos 2,5 cm.

Cubre la masa de cada molde con una capa de cebolla sofrita y encima de ésta extiende una capa de queso emmental. Si quieres, puedes espolvorear el queso con hierbas provenzales.

Deja fermentar las focaccias durante 60 minutos en un lugar cálido, tapadas con un paño húmedo.

Precalienta el horno a 250 °C generando vapor.

Cuando hayan fermentado, hornea las focaccias a 250 °C durante 20 minutos más o menos, en función del tamaño de las piezas.

PREPARA FOCACCIAS VARIADAS con combinaciones de sabores que te resulten sugerentes: tomate cherry y albahaca, atún y cebolla, pimiento y anchoas, aceitunas... Así puedes obtener un sinfín de variedades que harán las delicias de tus comensales.

Figacitas (Argentina)

Estos deliciosos panecillos se suelen servir para acompañar los típicos asados argentinos.

Receta para unas 16 piezas

Para la masa base

500 g de harina de media fuerza

10 g de sal

5 g de harina de malta

225 ml de agua

65 g de manteca de cerdo

20 g de levadura fresca

Para pintar

Mantequilla

Prepara la masa base con todos los ingredientes (pág. 21), menos la levadura, que se incorpora cuando falten pocos minutos para acabar el amasado.

Deja reposar la masa cubierta con un paño húmedo durante 15 minutos.

Estira la masa con un rodillo hasta que tenga un grosor de 2,5 centímetros. Espolvorea la masa con harina y hazle un pliegue sencillo. Estírala nuevamente con el rodillo y hazle otro pliegue.

Déjala reposar cubierta con un paño. Pasados 15 minutos, pásale el rodillo hasta conseguir un grosor de 1,5 centímetros.

Con un cortapastas redondo de unos 8 centímetros de diámetro separa unas 16 piezas de 50 gramos y ponlas en la bandeja del horno. Suelen colocarse bastante juntas, de manera que al fermentar y aumentar de volumen se peguen ligeramente unas con otras.

Pinta las piezas con mantequilla y ponlas en un lugar cálido y sin corrientes de aire durante 1 hora para que fermenten. No olvides taparlas con un paño húmedo.

Precalienta el horno a 250 °C con una pequeña olla dentro llena de paños mojados para generar vapor.

Baja la temperatura a 210 °C y hornea las figacitas durante 21 minutos aproximadamente.

SI QUIERES UN BUEN DESAYUNO O MERIENDA, abre las figacitas por la mitad, tuéstalas y úntalas con un poco de mantequilla.

Fougasse de ajo (Francia)

La mejor forma de tomar la fougasse de ajo es a la hora del aperitivo acompañada de una cerveza o una copa de vino blanco.

Receta para 4 piezas de 200 g

Para la masa

500 g de harina panificable

10 g de sal

300 ml de agua

50 ml de aceite de oliva

1 grano de ajo picado muy finamente

10 g de levadura fresca

Para pintar

Aceite de oliva

2 o 3 granos de ajo

Prepara la masa con todos los ingredientes siguiendo los pasos habituales (pág. 21), sin olvidar que la levadura se añade cuando falten pocos minutos para acabar el amasado.

Deja reposar la masa durante 90 minutos tapada con un paño húmedo para que no forme corteza.

Vuélcala sobre la mesa de trabajo y dóblala una vez sobre sí misma. Deja que repose de nuevo otros 30 minutos tapada con el paño.

Divide la masa en porciones de 200 gramos y dales forma de bola. Deja reposar las bolas durante 15 minutos, también tapadas con el paño.

Estira las piezas de masa hasta que tengan 1,5 cm de grosor. Deja fermentar las piezas en un lugar cálido, cubiertas con un paño húmedo, durante 1 hora.

Precalienta el horno a 250 °C con una pequeña olla dentro llena de paños mojados para crear vapor. Pon sobre la rejilla una placa de gres o cerámica, que servirá de base para cocer el pan.

Cuando los panes estén fermentados y listos para ir al horno, hazles unos cortes profundos con un cuchillo y separa la masa para abrir agujeros grandes como los ojos de una careta.

Coge las fougasses con las manos y deposítalas directamente sobre la piedra del horno y cuécelas durante 25 minutos.

Deja enfriar las fougasses y píntalas con el aceite de oliva, en el que previamente habrás macerado dos o tres granos de ajo picado. Este aceite resaltará el sabor de ajo de tus fougasses.

PUEDES HACER FOUGASSES DE CEBOLLA, de perejil, de jamón cocido o de lo que quieras imaginar. Lo único que tienes que hacer es picar el ingrediente que elijas para que pueda amasarse bien.

Conchas mexicanas (México)

Este tipo de pan es ideal para tomarlo en el desayuno o en la merienda.

Receta para obtener 24 piezas

Para la masa base

450 g de harina panificable

50 g de almendra molida

5 g de sal

150 g de azúcar

1 huevo

275 ml de leche

200 g de mantequilla

10 g de levadura fresca

Para la cubierta de las conchas

100 g de manteca de cerdo

100 g de azúcar molido

50 g de harina panificable

50 g de almendra molida

Prepara la masa base como de costumbre (pág. 21). Recuerda que la levadura se incorpora cuando falten pocos minutos para acabar el amasado.

Deja reposar la masa tapada con un paño húmedo durante 45 minutos.

Corta porciones de masa de 60 gramos y forma bolas intentando que queden lisas y apretadas. Pon las piezas sobre una placa de horno.

Para hacer la cubierta, mezcla a mano la manteca con el azúcar molido y después añade la harina y la almendra molida. Corta la preparación resultante en trozos, estíralos y cubre con ellos las bolas de masa. Con un cuchillo marca superficialmente la forma característica de la concha mexicana tal como muestra la fotografía.

Deja fermentar las piezas hasta que doblen su volumen, en un lugar sin corrientes de aire y sin un calor excesivo para que no se derrita la cubierta.

Precalienta el horno a 250 °C.

Introduce las conchas en el horno. Baja la temperatura a 170 °C y hornéalas durante unos 12 minutos.

PUEDES HACER UNA CUBIERTA DE CHOCOLATE sustituyendo 20 g de harina de la receta de la cubierta por 20 g de cacao en polvo. El resultado serán unas bonitas conchas de chocolate que contrastarán mucho con las conchas blancas.

CAPRICHOS QUE APETECEN

Quizás nunca habías imaginado que se puedan elaborar unas bolitas de sésamo y mijo o unas tentaciones de chocolate con masa de pan. Para que veas que todavía no se ha inventado todo, hemos seleccionado una serie de caprichos porque, sencillamente, un día es un día.

Bolitas de sésamo y mijo

Sírvelas de aperitivo para sorprender a tus comensales en una cena especial. Si las calientas dos minutos en el horno antes de llevarlas a la mesa, estarán todavía mejor.

Receta para unas 45 bolitas

Para la masa base

500 g de harina panificable

10 g de sal

300 ml de agua

10 g de levadura fresca

80 g de sésamo

80 g de mijo

Para espolvorear

Sésamo y mijo a partes iguales

Amasa los ingredientes de la masa base como de costumbre (pág. 21). Puede ser que el proceso resulte un poco más dificultoso debido a que las semillas impiden la buena formación del gluten de la masa. Ten paciencia y deja descansar más la masa. Recuerda que debes incorporar la levadura cuando falten pocos minutos para acabar el amasado.

Deja reposar la masa tapada con un paño húmedo durante 30 minutos.

Pon un poco de harina sobre la mesa de trabajo y vuelca la masa. Estírala con el rodillo hasta dejarla de un grosor de 1,5 cm aproximadamente. Píntala con agua con la ayuda de un pincel y espolvorea por encima las semillas de sésamo y mijo mezcladas. Aprieta un poco las semillas con la mano para que se peguen bien a la masa.

Con la ayuda de un cortapastas redondo de unos 3 cm de diámetro, corta piezas de masa de unos 20 gramos y colócalas directamente en una placa de hornear. Deja una separación entre las piezas para que puedan fermentar bien.

Tapa las piezas con un paño húmedo para que no formen corteza y déjalas fermentar durante 1 hora.

Precalienta el horno a 250 °C con una pequeña olla con paños mojados para generar vapor.

Pulveriza las bolitas con agua y hornéalas durante 10 minutos sin dejar que tomen mucho color, ya que de lo contrario quedarían muy secas una vez frías.

PRUEBA DIFERENTES MEZCLAS DE SEMILLAS para obtener otras variedades de bolitas. Las semillas que se encuentran más fácilmente en el mercado son: sésamo tostado, sésamo negro, amapola, mijo, lino dorado, lino marrón, copos de avena, pipas de girasol y pipas de calabaza.

Dificultad: fácil   Reposo: 30 minutos   Fermentación: 60 minutos   Cocción: 10 minutos

Bastoncitos de semillas

Son un rico tentempié para media mañana o media tarde, con un buen aporte energético exento de grasas y muy saludable.

Receta para unos 20 bastoncitos

Para la masa base

500 g de harina panificable

10 g de sal

300 ml de agua

10 g de levadura fresca

15 g de sésamo tostado

15 g de sésamo negro

15 g de amapola

15 g de mijo

15 g de lino dorado

15 g de lino marrón

15 g de copos de avena

15 g de pipas de girasol

15 g de pipas de calabaza

Para el acabado

Sésamo tostado

Sésamo negro

Amapola

Mijo

Lino dorado

Lino marrón

Copos de avena

Pipas de girasol

Pipas de calabaza

Prepara la masa base con todos los ingredientes (pág. 21), amasando con paciencia y haciendo más descansos porque las semillas impiden la buena formación del gluten y dificultan el amasado. Incorpora la levadura al final.

Deja reposar la masa tapada con un paño húmedo durante 30 minutos.

Enharina la mesa de trabajo y vuelca encima la masa. Estírala con el rodillo hasta que tenga un grosor de 1,5 cm más o menos. Píntala con agua con la ayuda de un pincel y espolvorea por encima las semillas mezcladas. Apriétalas un poco con la mano para que se peguen bien a la masa.

Con un cuchillo liso, corta piezas de 15 cm de largo por 1 cm de ancho (de unos 40 gramos) y colócalas directamente en una placa de horno, un poco separadas para que puedan fermentar bien.

Deja fermentar los bastoncitos durante 1 hora tapados con un paño húmedo para que no formen corteza.

Precalienta el horno a 250 °C generando vapor.

Rocía los bastoncitos con agua y hornéalos durante 10 minutos sin dejar que se doren mucho para que no queden secos al enfriarse.

AÑADE FRUTA SECA DESHIDRATADA O MUESLI a las semillas para que estos bastoncitos sean aún más energéticos y calóricos. A los niños les encantará este alimento tan sano y nutritivo.

Tentaciones de chocolate y plátano

Saborea estos panecillos en una buena merienda o sencillamente como postre después de un duro día de trabajo.

Receta para unos 10 panecillos

Para la masa base

500 g de harina panificable

10 g de sal

20 g de azúcar

10 g de mantequilla

300 ml de agua

10 g de levadura fresca

125 g de gotas de cobertura de chocolate

140 g de plátano seco troceado

Para espolvorear

Azúcar molido

Cacao en polvo

Confecciona la masa de la forma habitual (pág. 21), y cuando tenga un aspecto liso y brillante, añade la cobertura de chocolate y el plátano. Sigue trabajando la masa hasta que sea homogénea. Si se escapa algún trozo de plátano o de chocolate, incorpóralo a la masa con la mano.

Tapa la masa con plástico y déjala reposar durante 1 hora.

Divide la masa en porciones de 80 gramos y forma piezas redondeadas intentando que tanto el chocolate como los trozos de plátano no queden en la parte exterior para evitar que se quemen en el horno.

Pon las bolas en una bandeja de horno, tápalas con un paño húmedo y déjalas fermentar durante 90 minutos.

Precalienta el horno a 250 °C con una pequeña olla dentro llena de paños mojados para generar vapor.

Cuando los panecillos hayan fermentado, hazles un corte en forma de cruz en la parte de arriba con unas tijeras.

Introduce los panes en el horno y baja la temperatura a 210 °C.

Cuando los panecillos estén cocidos y fríos, espolvoréalos con la ayuda de un colador fino con una mezcla de azúcar molido y cacao en polvo.

COMBINA EL CHOCOLATE con otras frutas secas, o incluso utiliza chocolate blanco o con leche. Este pan en forma de molde es muy cómodo para comer en rebanadas a la hora del desayuno o la merienda.

Minicocas de verduras al horno

Sírvelas como entrante en la comida o en la cena. Acompañadas de una copa de vino blanco suponen un delicioso aperitivo para abrir el apetito.

Receta para unas 30 piezas

Para la masa base

500 g de harina panificable

10 g de sal

300 ml de agua

10 g de levadura fresca

Para el acabado

270 g mantequilla de primera calidad

Para pintar

1 huevo

Para cubrir

Cebolla

Pimiento rojo

Pimiento verde

Calabacín

Tomate

Sal

Pimienta

Aceite de oliva

Prepara la masa base (pág. 21) y cuando ya casi esté lisa y veas que no se te pega en los dedos, agrega la levadura.

Divide la masa en dos porciones de 400 gramos cada una, estírala con el rodillo y pon las láminas en una bandeja, tapadas con plástico, en la nevera. Déjalas reposar 1 hora como mínimo.

Corta 135 gramos de mantequilla, envuélvela en un trozo de film y aplástala un poco con las manos hasta dejarla plana. Resérvala así en la nevera.

Sigue los pasos indicados en el apartado referente al hojaldrado (pág. 27).

Si ves que te cuesta mucho estirar la masa después de plegarla tápala con plástico y déjala reposar en la nevera durante 15 minutos.

Cuando ya has hecho los tres pliegues, corta la masa por la mitad y estírala hasta que tenga un grosor de 1,5 cm. Reserva la otra mitad en la nevera para después hacer más piezas.

Con un cortapastas redondo, divide la masa en porciones de 20 o 25 cm de diámetro y unos 40 gramos; pínchalas con un tenedor y píntalas con un poco de huevo batido. Coloca las bases en una placa de horno dejando una separación entre ellas. Distribuye encima de cada base una lámina de cada una de las verduras.

Deja fermentar las cocas durante 45 minutos. Precalienta el horno a 250 °C.

Sazona las verduras con sal y pimienta y un chorrito de aceite de oliva. Hornea las cocas durante 14 minutos aproximadamente. Al sacar las piezas del horno, rocíalas con aceite de oliva y déjalas enfriar antes de servirlas.

PREPARA UNA BONITA COCA rectangular con las verduras dispuestas en tiras por separado. Una vez cocida y fría, cada uno se podrá servir un trozo con la verdura que más desee.

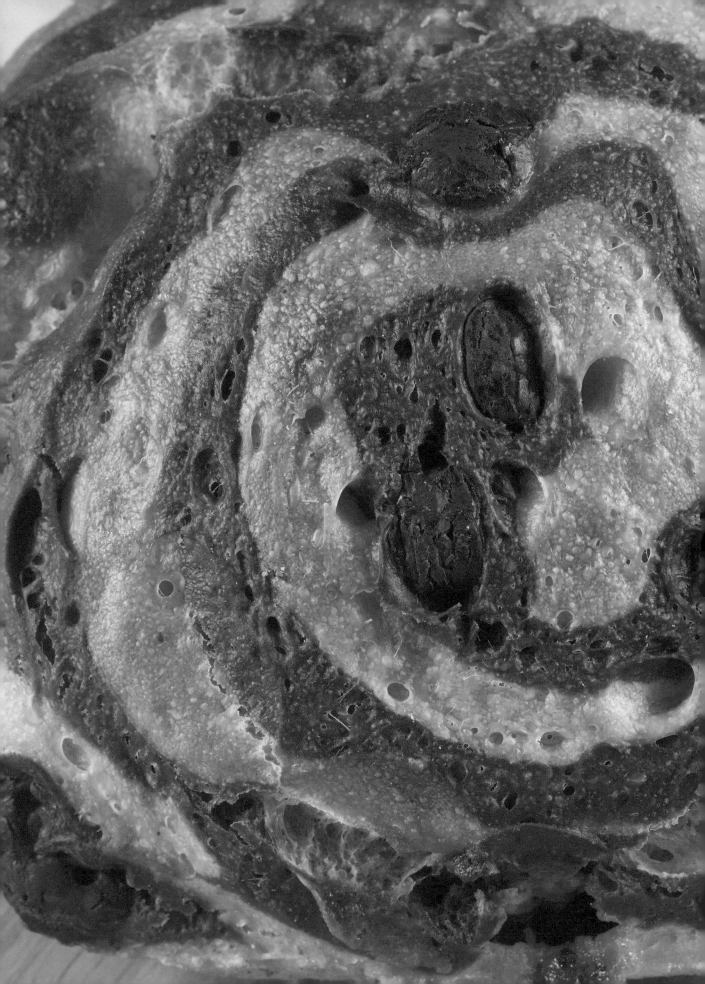

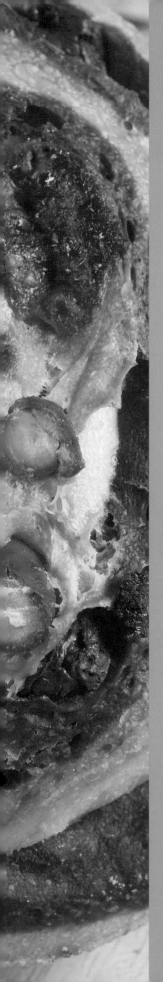

HOY LES VOY A SORPRENDER

Hemos escogido para ti unas elaboraciones
que sin duda sorprenderán a los tuyos. Sabores,
texturas, formas y combinaciones diferentes
pero apetitosas.

Corona de centeno y espelta

Tanto a los niños como a los adultos les encantará trocear este pan. Además, con un poco de chocolate se convertirá en una deliciosa fuente de fibra.

Receta para 3 coronas
250 g de harina de centeno integral
250 g de harina de espelta integral
10 g de sal

375-400 ml de agua
5 g de levadura fresca

Para espolvorear
Harina de centeno

Pon todos los ingredientes en un bol lo bastante grande para que puedas removerlos sin miedo a que se derrame nada. Mezcla el conjunto con una cuchara de madera o con la mano (mientras con la otra mano sujetas el bol para que no se mueva) hasta que veas que el agua se ha absorbido y se ha formado una masa parecida a un engrudo. Tapa la masa con un paño de algodón y déjala reposar a temperatura ambiente entre 30 y 60 minutos.

Pasado este tiempo, vuelca la masa sobre el mármol de tu cocina. Verás que su aspecto ha mejorado. Trabájala siguiendo el proceso descrito en el apartado sobre el amasado (pág. 21). Después de cada fase de amasado deja reposar la masa en la nevera unos 15 minutos.

Repite dos o tres veces la secuencia de amasado y reposo. Verás que la masa va quedando más lisa y adquiriendo mejor aspecto cada vez, sobre todo después del reposo (ten paciencia, el proceso es laborioso). El tiempo de amasado debe ser corto debido a que el centeno contiene poca cantidad de proteínas. Por la misma razón, la masa saldrá más o menos compacta y no excesivamente elástica. Al final del amasado, déjala reposar durante 1 hora tapada con un paño húmedo.

Después del reposo divide la masa en tres piezas de unos 300 gramos cada una. Bolea ligeramente las piezas y déjalas reposar 15 minutos. A continuación vuelve a modelar las piezas para formar bolas de masa lo más perfectas posible. Ponlas encima de un paño de algodón previamente espolvoreado con abundante harina de espelta para evitar que la masa se pegue durante la fermentación.

Tapa la masa con otro paño y déjala fermentar en el lugar más cálido de tu cocina durante 1 hora aproximadamente, ya que no tiene que adquirir demasiado volumen en esta etapa.

Calienta el horno a 250 °C y pon dentro una olla pequeña con paños muy mojados para generar vapor. Si los paños se secan pasado un tiempo, añade agua a la olla. Realiza esta operación lo más deprisa posible para evitar la pérdida de vapor en el interior del horno.

Para formar las coronas, agujerea con las manos la parte central de las bolas al mismo tiempo que las vas abriendo; cógelas con las manos si es necesario para que te sea más fácil abrirlas. Realiza esta operación con mucho cuidado para no desgasificar ni romper en exceso la masa.

Pon las coronas de centeno y trigo en una bandeja de horno y espolvoréalas con harina de centeno. Introdúcelas en el horno y cierra la puerta rápidamente para que no se escape el vapor. Hornea el pan durante 30 minutos o hasta que veas que ha adquirido un bonito color. Cuando las coronas estén cocidas, colócalas sobre una rejilla para que se enfríen correctamente.

Pan de cerveza negra y avena

Será un pan de larga conservación si se elabora en tamaño grande. Es ideal para comer a rebanadas untadas de paté o con embutido rojo de primera calidad.

Receta para 2 panes

Para la masa base

500 g de harina panificable

10 g de sal

350 ml de cerveza negra

125 g de copos de avena

150 g de masa madre natural (opcional)

5 g de levadura fresca

Para el baño de cerveza

150 g de harina de centeno integral

150 ml de cerveza negra

5 g de levadura

Prepara la masa base siguiendo el proceso habitual (pág. 21) y añade la levadura al final del amasado.

Deja reposar la masa tapada con un paño húmedo durante 60 minutos.

Vuelca la masa sobre la mesa de trabajo y realízale un pliegue para que adquiera más consistencia. Déjala reposar 45 minutos más.

Divide la masa en dos partes más o menos iguales de unos 400 gramos, procurando que al cortarlos los dos trozos sean lo más redondos posible. Acaba de redondearlos con las manos pero sin doblar ni modelar en exceso. Coloca las dos piezas bien separadas sobre una tela de lino con bastante harina.

Prepara el baño de cerveza mezclando la cerveza con la levadura y agregando después la harina de centeno. Remuévelo con un batidor o espátula de madera. Con una cuchara, vierte una capa de baño de cerveza por encima de los panes.

Deja que la masa fermente durante 2 horas o hasta que observes que casi ha doblado su volumen.

Calienta el horno a 250 °C generando vapor, con una placa de gres o cerámica sobre la rejilla para que se caliente y sirva de base para cocer el pan.

Cuando el pan esté listo para ir al horno, espolvoréalo con harina con la ayuda de un colador fino. Coloca las piezas directamente sobre la piedra del horno y baja la temperatura a 185 °C.

Cuece el pan lentamente durante unos 50 minutos. Cuando los saques del horno, déjalo enfriar sobre una rejilla evitando las corrientes de aire.

PUEDES HACER PANES PEQUEÑOS de unos 100 gramos cada uno, que quedan muy vistosos en la mesa. Sin embargo, es mejor consumirlos el mismo día, ya que estos panes tan pequeños no se conservan muy bien.

Pan de agua

Es un pan de larga conservación y miga muy húmeda, que recuerda a un paisaje lunar. Cortado en rebanadas, está muy rico untado con tomate maduro, con un buen chorro de aceite de oliva y una pizca de sal.

Receta para 2 panes

500 g de harina gran fuerza

12 g de sal

600 ml de agua

150 g de masa madre natural (opcional)

5 g de levadura fresca

Prepara la masa (pág. 21) empezando con la mitad del agua hasta que veas que se forma una masa de consistencia normal y aspecto liso. Después añade el resto del agua poco a poco, sin dejar de amasar, hasta que se absorba toda. Recuerda que debes incorporar la levadura al final del amasado.

Deja reposar la masa tapada con un paño húmedo durante 90 minutos, preferiblemente en un recipiente cóncavo y estrecho para que adquiera más cuerpo.

Con las manos mojadas de agua, ve cortando con decisión y sin miedo porciones de masa y llena con ellas dos moldes de aluminio hasta tres cuartas partes de su capacidad (unos 400 gramos de masa en cada uno).

Deja que la masa fermente durante 1 hora en los moldes, tapados con un paño húmedo, hasta que observes que prácticamente ha doblado su volumen.

Precalienta mientras tanto el horno a 250 °C, con una pequeña olla llena de paños mojados para generar vapor.

Cuando el pan esté fermentado, espolvoréalo con harina con la ayuda de un colador fino. Coloca los moldes en la bandeja del horno, baja la temperatura a 185 °C e introduce el pan en el horno.

Hornea el pan lentamente durante 30 minutos aproximadamente. Cuando esté cocido, desmóldalo y déjalo enfriar sobre una rejilla en un lugar sin corrientes de aire.

BUSCA MOLDES DE FORMAS Y TAMAÑOS DIVERSOS en tiendas especializadas. Así te quedarán unos panes muy vistosos que sin duda alguna sorprenderán a tus invitados.

Pan sorpresa para fiestas

Esta propuesta de servir el pan resulta perfecta para presentar los bocadillos de una forma original, divertida y diferente en una fiesta infantil de cumpleaños.

Ingredientes para el pan sorpresa

Un pan grande redondo elaborado el día anterior. Puedes utilizar el pan grande con masa madre natural (pág. 36), por ejemplo, o elaborarlo con la masa del pan para bocadillos en sistema directo (pág. 38).

Panecillos con mantequilla tostada (pág. 66) pequeños o bien panecillos de pan de leche (pág. 70).

Cuando tengas los panes listos, corta en horizontal la parte superior del pan grande y, con un cuchillo primero y las manos después, vacíale toda la miga para dejar el máximo espacio posible y poder poner dentro los bocadillos.

Puedes adornar con un lazo la parte que has cortado y que hará las veces de tapadera del pan de fiesta.

Prepara unos bocadillos variados con los panecillos pequeños untados con un poco de mantequilla y colócalos en el interior del pan grande.

Cubre el pan con la tapadera cortada, y ya lo tienes a punto para servir.

Pan abracci (chocolate negro y blanco)

Ideal para un desayuno o merienda consistente, también es muy apetitoso como tentempié a media mañana.

Receta para 8 panecillos

Para la masa base

500 g de harina panificable

10 g de sal

280 ml de agua

15 g de levadura fresca

20 g de mantequilla

Para la masa del pan de chocolate negro

400 g de masa base

80 g de gotas de chocolate negro

20 g de cacao en polvo

Para la masa del pan de chocolate blanco

400 g de masa base

80 g de gotas de chocolate blanco

40 g de pistacho verde pelado

Confecciona la masa base (pág. 21) incorporando la levadura cuando falten pocos minutos para acabar el amasado.

Divide la masa en dos porciones iguales. Agrega a cada una los ingredientes de uno de los dos tipos de pan de chocolate y vuelve a amasarlas.

Deja reposar las dos masas por separado tapadas con un paño húmedo durante 45 minutos.

Estira las dos masas por separado con un rodillo hasta que tengan un grosor de 1,5 cm y una forma rectangular. Pinta con agua la masa del pan de chocolate negro y pon encima la masa del pan de chocolate blanco. Enrolla el conjunto hasta formar un cilindro lo más apretado y firme posible.

Déjalo reposar durante 15 minutos.

Corta con un cuchillo de sierra porciones de 2 cm de grosor y deposítalas sobre la bandeja de horno dejando una separación entre ellas.

Déjalas fermentar durante 1 hora tapadas con un paño húmedo para que no formen corteza.

Calienta el horno a 250 °C y pon en su interior una pequeña olla con paños mojados para crear vapor.

Cuando el pan haya fermentado, pulverízalo con agua y hornéalo a 220 °C durante 16 o 18 minutos.

AGREGA PIEL DE NARANJA CONFITADA al pan de chocolate negro y nueces en lugar de pistachos al de chocolate blanco para crear combinaciones diferentes y divertidas. Invéntate sabores y mezclas nuevos, seguro que gustarán mucho a los tuyos.

LOS NIÑOS DE LA CASA TAMBIÉN HACEN PAN

¿A qué niño no le gusta tocar la harina, la masa, la mantequilla y jugar a cocinitas con estos y otros ingredientes? Para que además de pasarlo bien puedan aprender a elaborar pequeñas exquisiteces, hemos dedicado este capítulo a los más pequeños de la casa.

Saltimbanquis

Con estas barritas de formas divertidas podrás preparar bocadillos saludables y diferentes, que serán un apetitoso desayuno o merienda para los niños.

Para la masa

Véase la receta de la pág. 38.

Para espolvorear

Harina

Prepara la masa siguiendo los pasos de la receta de la pág. 38. Corta porciones de 100 gramos de masa y forma barritas alargadas y terminadas con un poco de punta.

Espolvoréalas con harina con un colador pequeño y déjalas fermentar durante 90 minutos sobre una tela de lino, tapadas con el paño húmedo.

Precalienta el horno a 230 °C con una olla pequeña dentro llena de paños.

Cuando el pan esté listo para ir al horno, pon las barritas cuidadosamente sobre la bandeja del horno y dales forma de ese con las manos y sin miedo. Realiza un corte longitudinal con el cúter o la cuchilla en la superficie de las barras.

Introduce el pan en el horno y baja la temperatura a 200 °C.

Cuece las barritas durante 22 minutos aproximadamente.

CON PORCIONES DE MASA MÁS GRANDES, puedes hacer barras más largas que parecerán serpientes y sin duda sorprenderán a los tuyos. Otra posibilidad es hacer roscas uniendo los dos extremos de la barra y dándole forma redonda.

Pizzas infantiles

Estas atractivas y divertidas pizzas son una sana manera de que los niños consuman hidratos de carbono, y otros ingredientes que les gusten y les alimenten.

Para la masa

Véase la receta de la pág. 38

Confecciona la masa tal como se indica en la receta de la pág. 38.

A continuación, separa porciones de masa de 60 gramos cada una y dales forma de bola en la mesa de trabajo ligeramente aceitada. Al ser porciones tan pequeñas te resultará más fácil trabajarlas en una superficie con un poco de aceite.

Pon las bolas de masa en una bandeja, tápalas con un trozo de film transparente y déjalas en la nevera durante 24 horas.

Pasado el tiempo de maduración en la nevera, enharina ligeramente la mesa de trabajo y estira las bolas con el rodillo hasta obtener bases de pizza de un grosor de 1 centímetro más o menos.

Precalienta el horno a 250 °C. Pon una placa de gres o cerámica sobre la rejilla del horno; una vez caliente servirá de base para cocer las pizzas.

Ahora es cuando entran en acción los niños (o también pueden participar antes, si quieres). Cubrid las pizzas con una base de tomate natural rallado, un poquito de orégano y lo que más os guste. Terminad espolvoreando queso rallado o mozzarela por encima.

Con una rasqueta plana ve poniendo con cuidado las pizzas directamente sobre la placa de gres y cuécelas durante 8 o 9 minutos, o hasta que creas que están listas.

PUEDES HACER PIZZAS GRANDES para toda la familia con esta masa base y la misma técnica. En este caso debes cortar la masa en porciones de 180 gramos.

Panecillos rellenos de crema de chocolate

Estos panecillos son una buena forma de sustituir la bollería industrial que tanto les gusta a los niños, y se pueden alternar con otros tipos de merienda.

Receta para unos 10 panecillos

Para los panecillos

Véase la receta de la pág. 70

Para el relleno

Crema de chocolate

Elabora barritas de pan de leche según la receta de la pág. 72.

Cuando estén frías, ábrelas por la mitad.

Con una manga pastelera, reparte una generosa porción de tu crema de chocolate preferida a lo largo de las mitades inferiores de las barritas.

Tapa las barritas con cuidado y sin apretar, para que la crema de chocolate no se salga.

TAMBIÉN PUEDES RELLENAR ESTOS BOLLOS con una crema salada, por ejemplo, de foie-gras, de queso, de sobrasada o de lo que más te guste. El contraste del pan dulce y el relleno salado es exquisito.

Piruletas de chocolate con leche

En las fiestas de cumpleaños, sorprende a los niños, y también a sus padres, con estas piruletas bañadas de delicioso chocolate.

Para los panecillos

Véase la receta de la pág. 66

Para bañar las piruletas

Chocolate con leche

Prepara unos panecillos de mantequilla tostada siguiendo las indicaciones de la receta de la pág. 66, pero más pequeños (de unos 50 gramos de masa).

Cuando tengas los panecillos horneados y se hayan enfriado, funde el chocolate con leche en el microondas o al baño maría.

Pincha los panecillos por la parte de arriba con un palillo de los que se usan para hacer brochetas o pinchos.

Báñalos en el chocolate fundido y déjalos enfriar en la nevera hasta que el chocolate tome cuerpo. Según el chocolate que utilices, las piruletas deberán mantenerse frías para que este no se derrita. Lo que sí es seguro es que los niños se mancharán un poquito la boca cuando las coman, aunque esto forma parte del juego. Ten toallitas a mano.

CON CHOCOLATE BLANCO Y NEGRO puedes hacer piruletas variadas. Si una vez bañadas, las decoras con fideos de colores, quedarán más divertidas.

Piruletas crujientes de pan y kikos

Muy fáciles de hacer, estas piruletas son un sano y energético tentempié o un riquísimo capricho.

Receta para unas 20 piruletas

Para la masa base

200 g de harina panificable

5 g de sal

5 g de azúcar

200 ml de agua

5 g de levadura fresca

Para el acabado

Cantidad suficiente de kikos para esparcir sobre las piruletas

Mezcla los ingredientes, incluida la levadura, con la ayuda de un batidor de varillas o una cuchara de madera grande. Incorpora toda el agua de golpe y remueve hasta que la masa tenga una consistencia parecida a la de una papilla.

Deja reposar la masa en un bol, tapada con un paño húmedo, durante 45 minutos.

Con una cuchara grande, coge trozos de masa de unos 20 gramos y colócalos encima de un papel de hornear. Forma las piruletas aplanando y redondeando las porciones de masa. Las piruletas deben quedar más bien finas. Deja espacio suficiente entre ellas para que se puedan cocer bien.

Trocea los kikos con un mazo y espárcelos por encima de las piruletas.

Engancha un palillo de madera (de los que se utilizan para hacer pinchos) en el centro de cada piruleta. Déjalas fermentar durante 20 minutos.

Precalienta el horno a 250 °C. Pon una pequeña olla dentro con paños mojados para crear vapor.

Cuando el horno esté caliente, coloca las piruletas en una lata de hornear y cuécelas durante unos 18 minutos o hasta que adquieran un bonito dorado.

PUEDES CUBRIR ESTAS PIRULETAS con diferentes combinaciones de frutos secos (nueces, avellanas, almendras...) o incluso con semillas, como por ejemplo el sésamo o la linaza.

Galletas de mantequilla

Aunque son ideales para picar a cualquier hora, a los niños les encantarán tanto a la hora de la merienda como después de cenar.

Receta para unas 60 galletas

Para la masa

150 g de mantequilla

150 g de azúcar molido

1 huevo

325 g de harina floja

80 ml de leche (en función de la fuerza de la harina usada, la masa admitirá más o menos leche)

Una pizca de sal

Para pintar

1 huevo

Para espolvorear

Azúcar molido

Mezcla a mano o con la máquina amasadora (en este caso debes utilizar el accesorio en forma de pala) la mantequilla con el azúcar hasta que el conjunto sea homogéneo. La mantequilla debe estar «pomada», es decir, blanda aunque no derretida.

Agrega el huevo y sigue trabajando la masa. No pasa nada si esta no acaba de ligar, ya lo hará cuando incorpores la harina.

Mezcla la harina floja con la pizca de sal y añádela a la preparación de mantequilla, azúcar y huevo. Trabaja la masa lo justo para que forme una mezcla homogénea y firme.

Tápala con plástico y déjala reposar en la nevera durante 25 minutos.

Espolvorea la mesa de trabajo con un poco de azúcar molido y estira la masa con el rodillo hasta que tenga un grosor de 1 centímetro como máximo.

Corta galletas de unos 10 gramos con un cortapastas redondo o de formas variadas (los encontrarás en tiendas especializadas).

Precalienta el horno a 210 °C.

Pinta las galletas con el huevo ligeramente batido y hornéalas durante unos 20 minutos o hasta que la superficie esté ligeramente dorada.

Cuando salgan del horno, espolvoréalas con azúcar molido y déjalas enfriar.

GUARDA LAS GALLETAS en un recipiente hermético para que no se reblandezcan.
Si sustituyes 30 gramos de harina floja por 30 gramos de cacao y añades a la masa 60 gramos de gotas de chocolate obtendrás unas riquísimas galletas de chocolate.

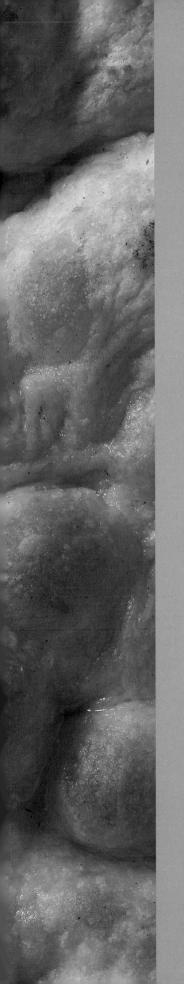

PANES DE ESPAÑA

Elaboraciones de siempre, auténticas y con la originalidad y el respeto que merecen esos productos típicos y representativos de una parte de la panadería española.

Empanada gallega

La empanada apetece a cualquier hora del día, es un tentempié ideal o una merienda exquisita. Puede comerse tanto fría como ligeramente calentada en el horno.

Para la masa

Véase la receta de la pág. 40

Prepara la masa según las indicaciones de la receta de la pág. 40.

Corta dos porciones de masa de 200 gramos para cada empanada que quieras elaborar y dales forma de bola en la mesa de trabajo.

Pon las bolas de masa en una bandeja, tápalas con un paño húmedo y déjalas reposar 30 minutos.

Pasado el tiempo de reposo, espolvorea la mesa de trabajo con un poco de harina y estira las bolas con el rodillo hasta obtener placas de un grosor de 1 centímetro aproximadamente. Unas serán las bases de las empanadas y las otras, las tapas.

Precalienta el horno a 250 °C.

Pon una placa de masa (la base) sobre una bandeja de horno y cúbrela con el relleno de la empanada. En los bordes deja un espacio sin rellenar y píntalo con un pincel mojado con agua.

Coloca otra placa (la tapa) sobre la primera y sella los bordes con un tenedor o realizando unos pliegues pequeños con los dedos. Eso es importante para evitar que se escape el relleno durante la cocción.

Corta con unas tijeras un pequeño círculo en el centro de la placa que hace de tapa para que el vapor que se producirá durante el horneado no la levante.

Baja la temperatura del horno a 200 °C y hornea la empanada durante 30 minutos.

EL RELLENO DE LA EMPANADA. Existen muchas variedades de empanada gallega, si bien las más típicas son la de carne y la de atún. Otros tipos de empanada muy apreciados son la de pulpo y la de berberechos, muy poco conocidas fuera de Galicia, pero realmente exquisitas y sabrosas. La base de todos los rellenos es la cebolla, ingrediente indispensable, normalmente sofrita y en algunos casos pochada. Mi consejo es que elabores el relleno a tu gusto, tanto en cuanto a ingredientes como a proporciones.

Francesillas

Este pan de corteza blanda y miga blanca y bastante densa, es ideal para comerlo en bocadillos o tostadas. También es el pan más indicado para elaborar las famosas y típicas torrijas.

Receta para unas 8 francesillas

500 g de harina panificable

10 g de sal

280 ml de agua

10 g de mantequilla

5 g de levadura fresca

Prepara la masa con todos los ingredientes (pág. 21), incorporando la levadura unos minutos antes de acabar el amasado.

Deja reposar la masa en un bol de plástico con un poco de harina en la base, tapada con un paño de cocina ligeramente húmedo, durante 30 minutos.

Estira la masa con el rodillo y realiza un pliegue sencillo (pág. 29).

A continuación, enrolla la masa como si fueras a formar una barra. Aprieta con fuerza, pero sin desgarrar la masa.

Pon la masa sobre la mesa de trabajo ligeramente enharinada y déjala reposar durante 15 minutos. Recuerda volver a taparla con el paño húmedo.

Corta la barra en porciones de unos 2 centímetros de grosor y 100 gramos de peso y colócalas sobre una tela de lino tapadas con el paño húmedo. Déjalas fermentar durante 90 minutos.

Precalienta el horno a 250 °C con una placa de gres o cerámica sobre la rejilla; una vez caliente servirá de base para cocer el pan.

Cuando las piezas casi hayan doblado su volumen inicial, hazles un corte longitudinal con el cúter o la cuchilla y deposítalas directamente sobre la piedra del horno.

Cuando tengas el horno lleno de francesillas, baja la temperatura a 200 °C y cuécelas durante 25 minutos aproximadamente.

PARA HACER FRANCESILLAS PEQUEÑAS, divide la masa en porciones de 150 o 200 gramos antes de darles el pliegue sencillo. Quedarán unas piezas muy originales y vistosas. También puedes rebozarlas con sésamo u otras semillas antes de ponerlas a fermentar. Ganarán colorido y sabor.

Torta de Aranda

Es un pan ideal para acompañar carnes rojas o guisos consistentes. En Castilla se toma con el típico cordero asado.

Receta para 4 tortas

Para la masa base

500 g de harina panificable

10 g de sal

300 ml de agua

5 g de levadura fresca

60 ml de aceite de oliva virgen extra

Para el acabado

Aceite de oliva virgen extra

Amasa todos los ingredientes de la masa base (pág. 21), salvo el aceite, que deberás incorporar cuando la masa ya tenga cierta consistencia y de forma gradual y paulatina. Recuerda que la levadura se añade al final del amasado.

Tapa la masa con un paño húmedo y deja que repose durante 90 minutos.

Divide la masa en cuatro porciones de 250 gramos y aplánalas con los dedos para darles una forma redonda de un grosor de 1,5 centímetros aproximadamente.

Pon las piezas sobre una tela de lino espolvoreada con bastante harina y cúbrelas con un paño húmedo para que no se sequen. Déjalas fermentar durante 2 horas.

Una vez fermentadas las tortas, hazles unos hoyos con los dedos, como si quisieras pincharlas. Con una aceitera, vierte en los hoyos aceite de oliva suficiente para cubrir generosamente las tortas. Si te resulta más sencillo, puedes pintarlas de aceite con un pincel.

Precalienta el horno a 250 °C generando vapor. Coloca una placa de gres o cerámica sobre la rejilla, que, una vez caliente, servirá de base para cocer el pan.

Coge con cuidado las tortas con las manos y deposítalas directamente sobre la piedra del horno.

Baja la temperatura del horno a 210 °C y deja que las tortas se cuezan durante unos 25 minutos.

PUEDES AGREGAR A LA MASA 200 GRAMOS DE MASA MADRE NATURAL, así las tortas tendrán un sabor ligeramente más ácido y un poco más de corteza. Su conservación también se verá beneficiada.

Pan Dalí

Lo que caracteriza a este pan no es la masa, sino la forma, por lo tanto, puede acompañar cualquier comida. Si está bien hecho, es fácil cortarlo sin cuchillo: se parten con la mano los extremos de uno en uno hasta que al final solo queda el centro.

Para la masa

Véase la receta de la pág. 38

Prepara la masa siguiendo los pasos de la receta de la pág. 38.

Divídela en piezas de 300 gramos cada una y dales forma de bola encima de la mesa de trabajo.

Pon las bolas de masa en una bandeja, tápalas con un paño húmedo y déjalas reposar 30 minutos.

Enharina la mesa de trabajo, coloca encima una de las bolas de masa y dale forma de la siguiente manera: aplasta los bordes de la bola, sin tocar la parte del medio, es decir, debe quedar hinchada en el centro; estira los bordes con la mano hasta formar tres extremos o puntas; dobla cada extremo sobre sí mismo, de modo que la pieza parezca una especie de tricornio; enrolla los extremos hacia la bola central.

Pon el pan así formado y girado al revés sobre una tela de lino enharinada. Repite este proceso con cada una de las bolas de masa.

Deja fermentar los panes durante 2 horas a temperatura ambiente, tapados con un paño húmedo.

Precalienta el horno a 250 °C, con una pequeña olla dentro llena de paños muy mojados para generar vapor. Coloca una placa de gres o cerámica encima de la rejilla, que servirá de base para cocer el pan.

Cuando los panes estén fermentados, dales la vuelta y ponlos directamente sobre la piedra de hornear.

Baja la temperatura del horno a 210 °C y cuece los panes durante 40 minutos aproximadamente.

CUANDO HAYAS ADQUIRIDO PRÁCTICA en darles la forma a estos panes, haz una pieza grande, de unos 800 gramos de masa, que puede servir como decoración durante varias semanas.

Pan preñao

Este pan preñao, que no deja de ser un bocadillo muy bien pensado, es un desayuno o un tentempié exquisito si se elabora con chistorra de primera calidad.

Para la masa

Véase la receta de la pág. 38

Para el relleno

Chorizo o chistorra

Prepara la masa tal como se indica en la receta de la pág. 38.

Corta tantas porciones de masa, de 80 gramos cada una, como panes quieras elaborar y dales forma de bola en la mesa de trabajo.

Coloca las bolas de masa en una bandeja y deja que reposen durante 30 minutos cubiertas con un paño húmedo.

A continuación, espolvorea con un poco de harina la mesa de trabajo y estira ligeramente las bolas con el rodillo.

Pon encima de cada porción de masa un trozo de chistorra de la misma medida más o menos que la masa. Forma una barrita sin puntas de modo que el embutido quede enrollado por la masa, procurando que los extremos también queden cubiertos.

Coloca las piezas en una bandeja de horno y haz que fermenten durante 90 minutos, tapadas con un paño húmedo para que no se sequen.

Precalienta el horno a 250 °C.

Baja la temperatura del horno a 210 °C y cuece los panes durante 22 o 23 minutos.

DE VEZ EN CUANDO, HAZ PANES PREÑAOS DE OTROS TAMAÑOS, incluso minis, de unos 20 gramos de masa. Te darán más trabajo, pero resultan muy atractivos. También puedes variar el embutido que pones dentro, y probar con longaniza o butifarra, por ejemplo.

FOGATINES: VARIEDAD Y SIMPLICIDAD A PARTIR DE MASA BASE

Una propuesta a medio camino entre la bollería y el pan. Elige el que más te guste o invéntate uno nuevo y exclusivo. Blandos, fáciles de elaborar y todo un placer para los sentidos.

Fogatines

Gracias a la variedad de sabores que proponemos, pueden servir de tentempié dulce o salado, a media mañana o a media tarde, para matar el hambre de manera saludable.

Receta para obtener unas 4 masas base

Para la masa base

500 g de harina panificable

10 g de sal

280 ml de agua

15 g de levadura fresca

30 g de mantequilla

5 g de azúcar

10 g de leche en polvo

Prepara la masa base (pág. 21) incorporando la levadura cuando falten pocos minutos para acabar el amasado.

Divide la masa en 4 porciones de unos 200 gramos cada una.

Mezcla manualmente o en la amasadora, una a una, cada masa base con sus ingredientes complementarios.

Cuando veas que ya has obtenido una mezcla homogénea y que los ingredientes ya se han incorporado correctamente, deja reposar la masa durante 30 minutos tapada con un paño húmedo.

Estira la masa con el rodillo hasta obtener una lámina de 2 centímetros de grosor aproximadamente, intentando que quede un rectángulo lo más uniforme posible. Verás que cuesta un poco debido a que hay bastante cantidad de ingredientes, pero eso es lo que dará a cada variedad de fogatines su potente sabor.

Corta con un cuchillo liso porciones de 15 centímetros de largo por 2 centímetros de ancho y ponlas en una bandeja de horno, un poco separadas para que puedan fermentar y cocerse sin pegarse unas a otras.

Tápalas con un paño húmedo y deja que fermenten durante 60 minutos.

Precalienta el horno a 250 °C con una pequeña olla dentro llena de paños mojados para generar vapor.

Cuando casi hayan doblado su volumen inicial, pulveriza los fogatines con agua y pon la bandeja directamente en el horno.

Hornea las piezas a 230 °C durante 14 o 16 minutos.

INVENTA NUEVAS Y ORIGINALES VARIEDADES de fogatines, o anima a los tuyos a crear sus propias combinaciones. Puedes hacerlos de queso, cebolla, pimientos, piñones tostados, cacahuetes o los ingredientes que más te gusten.

1 Para los fogatines de aceite de oliva

200 g de masa base

50 ml de aceite de oliva

Acabado: cuando estén cocidos y fríos, píntalos con aceite de oliva y espolvoréalos con un poco de sal maldon.

2 Para los fogatines de frutos secos

200 g de masa base	50 g de orejones
20 g de almendras	50 g de higos
20 g de avellanas	20 g de pasas
20 g de nueces	50 g de pistachos
20 g de piñones	

Acabado: cuando estén cocidos y fríos, espolvoréalos con azúcar molido.

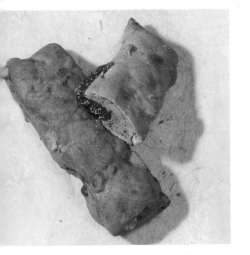

3 Para los fogatines de aceitunas

200 g de masa base

40 g de aceitunas verdes

40 g de aceitunas negras

5 g de orégano

Acabado: Cuando estén cocidos y fríos, píntalos con una mezcla de aceite de oliva y orégano.

4 Para los fogatines de chocolate y naranja

200 g de masa base

60 g de gotas de chocolate

30 g de piel de naranja confitada

Acabado: cuando estén cocidos y fríos, espolvoréalos con una mezcla de cacao en polvo y azúcar molido.

DEPORTISTAS: EL PAN ES ENERGÍA

El título lo dice todo: el pan es energía. Panes muy saludables, con una combinación perfecta de frutos secos y cereales, es decir, de las calorías más recomendables y los hidratos de carbono de absorción lenta.

Pan de espelta integral con pasas, nueces y miel

Un pan muy dulce y tierno que recomendamos tomar solo, ¡pero con buena compañía!

Receta para 3 panes

500 g de harina de espelta integral

350 ml de agua (fría de la nevera)

10 g de sal

4-5 g de levadura fresca

Para condimentar

110 g de nueces

110 g de pasas

35 g de miel

Para pintar los panes

Miel mezclada con agua

Unas horas antes de empezar a preparar el pan, pon las pasas en un cuenco y cúbrelas con 110 ml de agua caliente. Deja las pasas en remojo durante unas horas en la nevera. Pasado este tiempo, escúrrelas y mézclalas con las nueces y la miel.

Coloca los ingredientes de la masa en un bol lo suficientemente amplio para poder mezclarlos cómodamente. Remueve el conjunto con una cuchara de madera o con la mano (con la otra mano deberás agarrar el bol para que no se mueva) hasta que veas que el agua ha desaparecido y se ha formado una especie de engrudo. Tapa esta masa con un paño de algodón y déjala reposar a temperatura ambiente entre 30 y 60 minutos.

Al terminar el reposo, vuelca la masa en el mármol de tu cocina. Su aspecto será notablemente más bonito. Trabájala siguiendo los pasos descritos en el apartado sobre el amasado (pág. 21). Deja reposar la masa en la nevera unos 15 minutos después de cada fase de amasado. Repite dos o tres veces la secuencia de amasado y reposo. Verás que la masa va quedando lisa y con mejor aspecto cada vez, sobre todo después del reposo (es un proceso que requiere paciencia). Cuando veas que la masa está lisa y elástica y que no se te pega en las manos ni en la mesa, es que ya puedes darle el último tiempo de reposo. En este momento, añade la mezcla de nueces, pasas y miel y vuelve a amasar para que todos los ingredientes queden bien integrados en una masa fina y elástica.

Deja reposar la masa entera en un bol espolvoreado con harina de espelta, tapada con un paño de cocina, durante 2 horas aproximadamente. Pasado este tiempo divide la masa en tres piezas de unos 350 gramos y boléalas suavemente. Deja reposar las piezas durante 30 minutos.

A continuación forma con cada pieza un barrote corto y sin punta (chusco). Coloca los barrotes en una bandeja de horno cubierta con un paño de algodón abundantemente espolvoreado con harina de espelta. Tapa los panes con otro paño y deja que fermenten durante 90 minutos aproximadamente. Calienta el horno a 250 °C, con una pequeña olla dentro llena de paños muy mojados para generar vapor. Si los paños se secan, agrega agua a la olla.

Una vez que los panes estén fermentados, pásalos con cuidado a una bandeja de horno forrada con papel de cocción para evitar que se peguen. Recuerda que debes poner los panes separados para que no se toquen cuando aumenten de volumen en los primeros minutos de cocción. Introduce la bandeja con los panes en el horno caliente y cierra la puerta del horno rápidamente para que no escape el vapor. Baja la temperatura a 190 °C y hornéalos durante unos 35 minutos.

Al retirar los panes del horno, déjalos sobre una rejilla y, mientras estén todavía calientes, píntalos con una mezcla de miel y agua a partes iguales.

Pan energético con muesli

Se trata de un pan claramente ideal para el desayuno o la merienda. Puedes untarlo con un poco de mantequilla y tomarlo con algún acompañamiento salado, como salmón o queso fresco.

Receta para 5 barras

Para la masa base

400 g de harina panificable

50 g de harina integral

50 g de harina de maíz

10 g de sal

350 ml de agua

5 g de levadura fresca

Para el acabado

Muesli

Para la mezcla de frutos secos y muesli

50 g de orejones en trozos pequeños

50 g de higos en trozos pequeños

50 g de nueces picadas

50 g de almendras picadas

100 g de muesli

Prepara la masa base con todos sus ingredientes (pág. 21), menos la levadura, que se incorpora cuando falten pocos minutos para acabar el amasado.

A continuación, incorpora lentamente la mezcla de frutos secos y muesli hasta que veas que queda bien integrada en la masa, para lo cual deberás amasar de nuevo.

Deja reposar la masa durante 45 minutos tapada con un paño húmedo.

Divide la masa en porciones de 250 gramos y forma barras cortas y sin punta. Si vas a usar moldes más grandes, haz barras de un tamaño mayor.

Pinta las barras con un pincel mojado con agua y rebózalas con muesli. Colócalas en moldes de aluminio previamente pintados con un poquito de mantequilla fundida.

Deja fermentar los panes sobre una bandeja de horno tapados con un paño húmedo durante 90 minutos o hasta que veas que la masa prácticamente ha doblado su volumen.

Precalienta el horno a 250 °C y pon dentro una pequeña olla con paños muy mojados para generar vapor.

Pulveriza los panes con agua y mete la bandeja en el horno. Cuécelos a 210 °C durante 24 o 26 minutos.

CON ESTA MASA TAMBIÉN PUEDES HACER PANECILLOS redondos o de otras formas, si bien la ventaja de usar moldes es que te permite cortar el pan en rebanadas, una vez frío, y guardarlas en la nevera durante tres o cuatro días.

Pan de centeno y trigo con frutos secos y miel

Untado con un poco de mantequilla y miel resulta exquisito, y es una fuente de energía muy saludable.

Receta para 2 moldes

250 g de harina de fuerza

250 g de harina de centeno integral

10 g de sal

200 g de masa madre natural

350 ml de agua

10 g de levadura fresca

25 g de miel

300 g de frutos secos variados

Confecciona la masa con todos los ingredientes menos la levadura y los frutos secos, de lo contrario te costaría mucho trabajo amasar correctamente (pág. 21). Verás que, de todos modos, la masa es muy pegajosa; esto se debe al alto porcentaje de harina de centeno.

Una vez lista la masa, incorpora los frutos secos y un poco de agua y vuelve a amasar. Al principio te costará, pero luego la mezcla se vuelve homogénea y adquiere buen aspecto. Incorpora la levadura cuando falten pocos minutos para acabar el amasado.

Tapa la masa y déjala reposar en el mismo cuenco donde la has amasado durante 45 minutos.

Unta dos moldes de aluminio con aceite de oliva o mantequilla fundida. Con las manos mojadas (sin miedo) coge trozos de masa y llena los moldes hasta tres cuartas partes de su capacidad (unos 500 gramos de masa en cada uno). Cuando las manos se te sequen verás que la masa empieza a pegarse «peligrosamente» a tus dedos; vuelve a mojártelas y continúa.

Deja fermentar los moldes durante 40 minutos en el lugar más caldeado de la cocina.

Precalienta el horno a 230 °C con una pequeña olla llena de paños mojados para generar vapor.

Moja la masa y los moldes por los lados con el pulverizador de agua. Hornea los panes durante 45 minutos a 190 °C.

Cuando estén cocidos, sácalos inmediatamente del molde y ponlos sobre una rejilla para que se enfríen correctamente. Una vez fríos, rocía el centro de los panes con miel.

USAR MOLDES ES LA MEJOR MANERA DE DAR FORMA a este tipo de pan. Los moldes de silicona resultan muy prácticos y fáciles de usar, pues tan solo tienes que llenarlos con la masa. Los hay de formas variadas y diferentes tamaños.

LOS CELÍACOS TAMBIÉN SE LO MERECEN

El gluten está constituido por la unión de dos proteínas insolubles en agua contenidas principalmente en el trigo, aunque también presentes en la cebada, el centeno, el kamut, la espelta y la avena. Estas proteínas son la glutenina y la gliadina, y es esta última la causante de que se active la enfermedad celíaca.

Los celíacos tienen una predisposición de origen genético que se manifiesta como un síndrome de absorción intestinal defectuosa cuando ingieren alimentos con gluten, lo que deriva en una atrofia severa de las vellosidades del intestino delgado. Los síntomas más frecuentes y comunes son pérdida de apetito y diarrea crónica. El tratamiento que deben seguir los celíacos consiste en suprimir el gluten de la dieta. Cuando se dejan de ingerir alimentos con gluten, la mucosa del intestino delgado se normaliza y recupera su capacidad de absorción.

En la actualidad existe una amplia variedad de productos sin gluten de buena calidad y fáciles de adquirir (pan, galletas, pasta, preparado de harina panificable, etcétera). Los alimentos sin gluten se identifican con un símbolo, impreso en el envase, que representa una espiga de trigo cruzada por una línea. Es un símbolo internacional que garantiza la ausencia total de gluten en ese alimento.

Para elaborar pan y otros productos sin gluten en casa no basta con utilizar harina sin gluten, sino que es necesario extremar las precauciones al seleccionar los otros ingredientes de la receta, porque pueden contener trazas de gluten. Se aconseja leer siempre la lista de ingredientes que figura en el envase de cualquier alimento, mantener las harinas normales apartadas de la zona de la cocina donde trabajemos, y limpiar exhaustivamente los utensilios que vayamos a utilizar.

Pan sin gluten

Sirve para acompañar cualquier comida.

Receta para 2 panes de molde

500 g de harina panificable sin gluten

75 ml de aceite de oliva

50 g de leche en polvo

90 g de almidón de maíz (maicena)

10 g de sal

400 ml de agua, aproximadamente

15 g de levadura fresca

Prepara la masa con todos los ingredientes (pág. 21), y recuerda que debes incorporar la levadura cuando falten pocos minutos para acabar el amasado.

Deja reposar la masa durante 30 minutos tapada con un paño húmedo.

Divide la masa en dos piezas de 450 gramos cada una. Forma dos barras sin puntas y ponlas dentro de dos moldes de aluminio untados con un poco de aceite de oliva. También puedes utilizar moldes de silicona.

Deja fermentar los moldes cubiertos de un paño húmedo en el lugar más cálido de la cocina durante 60 minutos.

Precalienta el horno a 250 °C generando vapor con una olla llena de paños mojados.

Moja los moldes con el pulverizador de agua por los lados y por arriba e introdúcelos en el horno.

Baja la temperatura del horno a 190 °C y cuece los panes durante 35 minutos.

Cuando estén cocidas, saca las piezas del molde y ponlas sobre una rejilla para que se enfríen correctamente.

CON UNA MASA UN POCO MÁS DURA, es decir, con menos agua, puedes hacer piezas con otras formas, como barritas o panecillos. Si no consumes una gran cantidad de este pan, el de molde es el más indicado, pues se conserva mejor, sobre todo cortado en rebanadas y dentro de la nevera en una bolsa de papel.

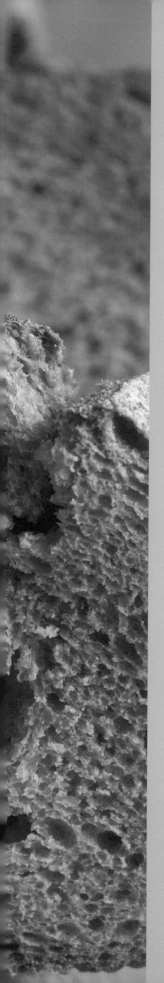

OTRAS NECESIDADES DIETÉTICAS

Pensando en aquellas personas que no siempre pueden disfrutar del pan blanco pero que tienen la suerte de poder consumir trigo y otros cereales como el centeno, estos panes pueden convertirse en la gran solución a sus problemas de intolerancia.

Pan sin levadura

Tómalo cortado en rebanadas más gruesas de lo habitual, con aceite de oliva virgen extra y un poquito de sal no refinada. Es excepcional.

Receta para 2 panes

400 g de harina panificable

100 g de harina integral

10 g de sal

250 ml de agua

350 g de masa madre natural

Prepara la masa mezclando los ingredientes (pág. 21) e incorpora la masa madre a mitad del amasado. De este modo la masa final quedará más lisa.

Tapa la masa con un paño húmedo y deja que repose durante 1 hora.

Vuelca la masa sobre la mesa de trabajo y dóblala por la mitad, como si fuera una hoja de papel. No tengas miedo, ni se rompe ni se estropea, al contrario.

Vuelve a dejar reposar la masa tapada durante dos horas y media en el lugar más cálido de tu cocina. Si observas que antes de este tiempo la masa ya ha doblado su volumen inicial, puedes empezar a trabajarla.

Divide la masa en dos trozos de 500 gramos cada uno y déjalos reposar 30 minutos.

Forma dos barras cortas y algo gruesas, ya que este pan queda mejor con bastante miga. Si lo prefieres, puedes hacer piezas redondas.

Coloca las dos piezas sobre una tela de lino bastante enharinada y tápalas con un paño húmedo. Déjalas fermentar durante 3 horas, o hasta que hayan doblado su volumen, en un lugar cálido y sin corrientes de aire. Si el paño se seca, pulverízalo con agua.

Precalienta el horno a 230 °C con una olla dentro llena de paños muy mojados para crear vapor. Coloca una placa de gres o cerámica sobre la rejilla del horno para que se caliente y sirva de base para cocer el pan.

Antes de meter el pan en el horno, realiza uno o dos cortes con la cuchilla a lo largo de cada pieza. Luego cógelas cuidadosamente con las manos y ponlas directamente sobre la piedra del horno.

Baja la temperatura del horno a 185 °C y cuece el pan lentamente durante unos 70 minutos.

Cuando saques el pan del horno, déjalo enfriar sobre una rejilla evitando las corrientes de aire.

ESTE PAN SIN LEVADURA es bastante ácido y de corteza gruesa y crujiente. La miga quedará densa y húmeda, lo cual favorece su conservación. Las piezas grandes se conservan hasta cinco días, siempre tapadas con un paño de algodón y alejadas de olores fuertes. Verás que el sabor y la acidez se pronuncian con el paso de los días, y que la miga va perdiendo humedad. Córtalo conforme lo consumas y, si lo prefieres, tuéstalo un poco para que esté tan crujiente como el primer día.

Pan de espelta integral

Cortado en rebanadas, úsalo para preparar unos sabrosos sándwiches vegetales con un poco de mayonesa, lechuga, tomate y atún. Este pan es una extraordinaria fuente de fibra, hidratos de carbono y vitaminas, y contiene muy poca sal.

Receta para 2 panes de molde

500 g de harina de espelta integral

8 g de sal

150 g de masa madre natural (opcional, pero recomendable)

350 ml de agua

5 g de levadura fresca

Confecciona la masa con todos los ingredientes (pág. 21), pero no olvides que debes agregar la levadura 5 minutos antes de terminar el amasado. El tiempo de amasado y la cantidad de agua necesaria dependerán en buena medida del tipo de harina que utilices (extracción, cantidad de proteínas, humedad...).

Deja reposar la masa durante 45 minutos tapada con un paño húmedo.

Divide la masa en dos piezas de 430 gramos cada una, o en dos partes más o menos del mismo peso. Forma dos bolas y déjalas reposar 15 minutos.

Moldea dos barras sin puntas y ponlas dentro de moldes de aluminio, previamente untados con aceite de oliva, o de silicona.

Deja fermentar las piezas en el lugar más cálido de la cocina durante 60 minutos tapados con un paño húmedo.

Precalienta el horno a 250 °C generando vapor con una olla llena de paños mojados.

Cuando el pan haya fermentado, moja los moldes con el pulverizador de agua por los lados y por arriba, y realiza un corte a la masa con la cuchilla o el cúter.

Baja la temperatura del horno a 190 °C y hornea los panes durante 35 minutos.

Cuando estén cocidas, saca las piezas del molde y déjalas enfriar sobre una rejilla.

PARA HACER UN PAN MÁS ENERGÉTICO Y NUTRITIVO, agrega una mezcla de frutos secos ligeramente troceados a la masa cuando estés a punto de terminar el amasado. Pruébalo también con trozos de fruta seca (piña, coco, melocotón...), verás que el contraste es excepcional.

¿A QUIÉN LE AMARGA UN DULCE? CLÁSICOS DE LA BOLLERÍA

Una selección de cinco elaboraciones de bollería clásica enriquecidas con mantequilla y azúcar en la que buscamos diferentes texturas y sabores, desde la esponjosidad de una magdalena hasta el crujido de la dorada superficie de un hojaldre muy caramelizado.

Minicroissants de desayuno

Son un rico tentempié para media mañana, además de un buen desayuno para tomar en familia los domingos, acompañados de algo dulce o salado.

Receta para 35 croissants

500 g de harina panificable

10 g de sal

50 g de azúcar

20 g de leche en polvo

260 ml de agua

25 g de levadura fresca

285 g mantequilla para los pliegues

Amasa los ingredientes excepto la mantequilla (pág. 21), sin olvidar que debes incorporar la levadura cuando falten pocos minutos para acabar el amasado.

Sigue los pasos indicados en el apartado referente al hojaldrado (pág. 27).

Cuando ya hayas realizado los pliegues, estira la masa hasta que tenga un grosor de 1 cm y corta triángulos de 8 cm de altura por 4 cm de base. Realiza un pequeño corte en la base, separa las puntas, que serán los cuernos, y enrolla el croissant desde la base hacia arriba.

Coloca los croissants formados sobre una placa de cocción forrada con papel de hornear dejando una separación entre ellos para que puedan fermentar correctamente.

Cubre los croissants con un paño y déjalos fermentar en el lugar más cálido de la cocina durante 1 hora más o menos.

Precalienta el horno a 250 °C.

Una vez fermentados, pinta los croissants con huevo ligeramente batido con la ayuda de un pincel.

Baja la temperatura del horno a 200 °C y hornea los croissants durante unos 12 minutos.

PUEDES RELLENAR LOS CROISSANTS poniendo en la base, antes de enrollarlos, una barra de chocolate negro, un poco de crema pastelera o tu relleno preferido, ya sea dulce o salado. Para variar, haz piezas más grandes o más pequeñas cambiando el tamaño del triángulo de masa.

Brioche mediterráneo con crujiente de sésamo

Un buen brioche apetece a cualquier hora, y además tiene la virtud de combinar bien tanto con rellenos salados como dulces. Con ellos puedes preparar tiernos bocadillos de jamón york y queso o simplemente untarlos con mantequilla y mermelada.

Receta para unos 12 brioches

Para la masa base

500 g de harina de fuerza o gran fuerza

10 g de sal

110 g de azúcar

100 g de mantequilla

3 huevos (150 gramos)

150 ml de agua aproximadamente

25 g de levadura fresca

La piel de   limón rallada fina

cucharadita de canela en polvo

Para pintar

1 huevo

Para el crujiente de sésamo

50 g de glucosa

50 g de mantequilla

50 g de azúcar

50 g de sésamo

Corta la mantequilla en dados y resérvala en la nevera.

Amasa los ingredientes, excepto la mantequilla y la levadura, hasta que la masa empiece a tener cuerpo. Reserva un poco de agua para el final.

Empieza a añadir la mantequilla y continúa el amasado. Si amasas a mano, este es el momento más delicado y difícil. Deja descansar la masa cada 6 o 7 minutos y descansa tú también.

Cuando hayas incorporado toda la mantequilla, agrega la levadura con un poco del agua que has reservado y finaliza el amasado cuando consigas una masa muy fina y elástica. Pon la masa en un recipiente ligeramente aceitado y déjala reposar tapada con plástico durante 1 hora. Si en casa hace mucho calor, ponla en la nevera.

Aceita un poco la mesa de trabajo, vuelca la masa y córtala en porciones de 80 gramos. Dales forma de bola, tápalas con plástico y déjalas en la nevera durante 30 minutos.

Forma barritas cortas sin punta y ponlas a fermentar, dejando espacio entre ellas, en una bandeja de horno forrada con papel de cocción. Con un pincel, píntalas con huevo ligeramente batido. Déjalas fermentar hasta que doblen el volumen.

Para preparar el crujiente de sésamo, pon todos los ingredientes al fuego durante 2 o 3 minutos. Resérvalo en un recipiente hasta que esté frío. Si cuando vayas a utilizarlo está duro, caliéntalo en el microondas hasta que parezca plastilina.

Precalienta el horno a 250 °C.

Cuando los brioches estén fermentados, espolvoréalos de sésamo crujiente.

Baja la temperatura del horno hasta 220 °C y hornea las piezas durante 9 o 10 minutos.

REALIZA PIEZAS DISTINTAS con la masa del brioche, como una estupenda coca de piñones o mini brioches para bocadillos, con porciones de 20 gramos de masa.

Magdalenas clásicas de limón y canela

Tradicionales y muy fáciles de hacer, estas magdalenas apetecen en cualquier momento del día: en el desayuno, a media mañana con un café o para merendar.

Receta para unas 12 magdalenas

125 g de huevos

175 g de azúcar

60 ml de leche

190 ml de aceite de girasol

210 g de harina floja

5 g de impulsor o levadura química

Una pizca de sal, canela en polvo y ralladura de limón

Con el accesorio batidor del robot amasador, bate los huevos y el azúcar.

Mezcla la leche con el aceite de girasol e incorpórala al batido de huevos y azúcar batiendo con la marcha lenta.

Aparte, agrega el impulsor, la sal, la canela y la ralladura de limón a la harina. Añade esta mezcla al robot, también en marcha lenta.

Cuando hayas obtenido una masa homogénea, bátela con la marcha rápida durante 2 o 3 minutos. Tapa la masa con un paño y déjala reposar en la nevera durante 1 hora como mínimo para que el impulsor empiece a hacer efecto. Puedes mantenerla en la nevera incluso hasta el día siguiente.

Precalienta el horno a 250 °C.

Pon la masa en una manga pastelera con boquilla lisa y distribúyela en las cápsulas para magdalenas. Debes llenar solo tres cuartas partes de las cápsulas (unos 60 gramos de masa).

Hornea las magdalenas a 210 °C de 14 a 16 minutos, según cual sea su tamaño.

ESPOLVOREA LAS MAGDALENAS CON AZÚCAR en grano o molido antes de hornearlas, así quedarán más vistosas. Si quieres preparar unas estupendas magdalenas rellenas de crema pastelera, por ejemplo, llena las cápsulas de masa solo hasta la mitad, reparte un punto de crema pastelera en cada una y acaba de llenarlas de masa.

Hojaldre de mantequilla muy caramelizado

Rellena este hojaldre con lo que más te guste, sea dulce o salado. Por ejemplo, prepara una crema pastelera para hacer un milhojas, o una crema de marisco para cubrir el hojaldre y luego decorarlo como quieras.

Receta para 5 placas

Para la masa

500 g de harina de media fuerza

10 g de sal

300 ml de agua

350 g de mantequilla de primera calidad

Para pintar

1 huevo

Para espolvorear

Azúcar de lustre

Prepara la masa siguiendo los pasos del apartado de la pág. 21. Sigue los pasos indicados en el apartado referente al hojaldrado (pág. 27).

Corta la masa por la mitad. Reserva una de las mitades en la nevera y estira la otra para formar una lámina de un grosor de 1 cm aproximadamente.

Corta piezas rectangulares de 25 por 8 cm (de unos 150 gramos cada una) y ponlas sobre una bandeja de horno forrada con papel de cocción, separadas unas de otras. Las que no quepan puedes congelarlas en este momento y hornearlas otro día.

Con un pincel, pinta las piezas con huevo ligeramente batido y pínchalas con un tenedor. Déjalas reposar 30 minutos.

Precalienta el horno a 220 °C.

Hornea el hojaldre durante 25 minutos a 220 °C.

Saca el hojaldre del horno y sube la temperatura a 280 °C. Espolvorea las piezas de hojaldre con azúcar de lustre y, cuando el horno haya alcanzado la temperatura deseada, vuelve a hornear las piezas hasta que el azúcar se caramelice. Ten cuidado porque este proceso es rápido, no te despistes y saca el hojaldre del horno cuando veas que está caramelizado.

PREPARA UNAS EXQUISITAS PIZZAS HOJALDRADAS con esta masa, verás que tienen una textura muy distinta de la habitual. También puedes cortar piezas redondas con un cortapastas pequeño para hacer galletitas hojaldradas.

Financiers

Ideales para acompañar cualquier tipo de merienda o desayuno, o sencillamente deliciosos con el café de media mañana.

Receta para unos 40 financiers

150 g de harina floja

150 g de harina de almendra cruda

375 g de azúcar molido

5 g de impulsor o levadura química

360 ml de claras de huevo

Una pizca de sal

250 g de mantequilla tostada

Mezcla todos los ingredientes, excepto la mantequilla, con el accesorio pala del robot amasador.

Pon la mantequilla en un cazo y cuécela hasta que adquiera un bonito color dorado. Si puedes, ve retirando la espuma que se genera durante la cocción.

Añade la mantequilla tostada a la preparación anterior con el robot en marcha a media velocidad. Sigue mezclando todo el conjunto durante 5 minutos.

Tapa la masa con un paño y déjala reposar en la nevera durante 25 minutos como mínimo para que el impulsor empiece a hacer efecto. Puedes dejarlo en la nevera incluso hasta el día siguiente.

Precalienta el horno a 250 °C.

Introduce la masa en una manga pastelera con boquilla lisa y repártela en los moldes de financier (pueden ser rectangulares o redondos, normalmente son de silicona). Debes llenar tres cuartas partes del molde (unos 30 gramos de masa).

Hornéalos a 210 °C durante 10 o 12 minutos, dependiendo del tamaño de los moldes.

CUANDO TENGAS LOS MOLDES LLENOS y antes de hornearlos, espolvorea la superficie de la masa con trozos de chocolate, de nueces o de pistachos para obtener variedades muy originales y sabrosas.

Problemas con la masa.
Trucos y soluciones efectivas

Vamos a repasar brevemente los diez problemas que con más frecuencia puedes encontrarte cuando elabores pan en casa, e intentaremos dar soluciones prácticas y efectivas para hacerles frente. Piensa que la experiencia te enseñará mucho más que yo, y que ser persistente y metódico y, sobre todo, aplicar el sentido común es lo que más te ayudará.

No te desanimes ni tires la toalla solo porque un día el pan no salió como tú querías. Trata de discernir cuál fue el problema y vuelve a intentarlo.

LA MASA NO SE AGLUTINA Y SE ROMPE AL TRABAJARLA CON LAS MANOS

Mira la temperatura de la masa, no debe estar por encima de los 24 °C.

Déjala reposar cada 6 o 7 minutos mientras amasas.

Incorpora la levadura al final.

Si en la cocina hace mucho calor, déjala reposar en la nevera, siempre tapada con un paño húmedo.

LA MASA SE SECA Y SE FORMA CORTEZA MUY RÁPIDAMENTE

Evita las corrientes de aire mientras hagas el pan.

Haz las masas un poquito más blandas.

Reduce la cantidad de levadura.

Tapa siempre las masas con un paño húmedo (durante el reposo y la fermentación) y, si es necesario, pon sobre el paño una lámina de plástico.

CUANDO CORTAS EL PAN CON LA CUCHILLA ANTES DE HORNEARLO, SE DESHINCHA Y QUEDA PLANO

Seguramente le falta amasado.

Deja reposar la masa más tiempo antes de darle forma.

Intenta usar una harina de mayor fuerza.

Cuando formes las piezas de pan, aprieta la masa un poquito más para darle más fuerza.

No la dejes fermentar demasiado.

EL PAN SALE DEL HORNO PEQUEÑO Y SIN VOLUMEN

Aplica las mismas soluciones que en el punto anterior.

EL PAN NO COGE COLOR EN EL HORNO Y SALE SECO Y PÁLIDO

Aumenta la temperatura del horno. Intenta que el vapor no se escape del horno cuando lo abres.

Rocía el pan con un pulverizador de agua antes de meterlo en el horno.

EL PAN TIENE MUCHO VOLUMEN, PERO CARECE DE SABOR
Pon menos levadura.

Deja reposar la masa más tiempo antes de formar las piezas.

Aumenta el tiempo de fermentación, y haz que esta se produzca a temperatura más baja, o deja fermentar la masa en la nevera hasta el día siguiente.

EL PAN SALE CON MANCHAS DE COLOR MARRÓN EN LA CORTEZA
Incorpora la levadura antes, o una vez incorporada amasa durante más tiempo para que la levadura se mezcle mejor.

LAS BARRAS, LOS REDONDOS Y EL PAN EN GENERAL NO GREÑAN NI EXPLOTAN EN EL HORNO
Aplica las mismas soluciones que en el punto dos.

EL PAN, UNA VEZ FRÍO, SE QUEDA GOMOSO Y LA CORTEZA SE ABLANDA ENSEGUIDA
Intenta alargar los tiempos de fermentación y reposo.

Baja un poco la temperatura del horno y aumenta el tiempo de horneado.

Deja enfriar el pan sobre una rejilla y sin taparlo.

No guardes el pan dentro de una bolsa de plástico. Tápalo con un paño de algodón o lino y evita las corrientes de aire.

EL PAN TIENE MUCHAS BURBUJAS POR LOS LADOS, QUE SE ROMPEN FÁCILMENTE
Aumenta el tiempo de reposo antes de dar forma a la masa.

Aprieta más al moldear las piezas.

No hagas fermentar la masa a temperaturas muy altas.

Congelación. ¿Es aconsejable?

Como todos sabemos, la congelación alarga el tiempo de conservación de los alimentos; ahora bien, unos alimentos la soportan mejor que otros, y el pan cocido no es de los que mejor se comportan una vez descongelados.

La rapidez del proceso de congelación es un factor decisivo para lograr un resultado adecuado, ya que es con una temperatura de entre 0 y -2 °C cuando el pan endurece más rápidamente. En el congelador de casa no podemos pretender ultracongelar el pan de modo que el corazón de la pieza alcance los -8 °C en 40 minutos, aunque sí es importante que el congelador esté a una temperatura constante lo más cercana posible a -18 o -20 °C.

No obstante, veamos a continuación unos consejos prácticos para que obtengas buenos resultados al congelar el pan en casa.

CONGELACIÓN: congela el pan cuando está en perfectas condiciones, es decir, cuando está crujiente, tierno y sabroso. Si tienes pensado congelar pan, es preferible que elabores algunas piezas de más y las congeles justo cuando han terminado de enfriarse.
Congela panes preferentemente poco cocidos.

Aunque retrase ligeramente la velocidad de congelación, envuelve el pan en papel de aluminio y guárdalo dentro de una bolsa de plástico antes de meterlo en el congelador. Así evitarás la pérdida de humedad.

Si se trata de panes grandes, córtalos en rebanadas y congélalas por separado, de este modo podrás descongelar solo las que vayas a consumir en ese momento.

Si se trata de barras para elaborar bocadillos, corta el trozo de la medida deseada y ábrelo por la mitad antes de congelarlo.

Intenta no poner el pan en el mismo cajón del congelador donde guardas alimentos con olores fuertes, como, por ejemplo, ajo o cebolla.

No tengas el pan en el congelador más de dos semanas. Verás que con el tiempo, la miga más cercana a la corteza va quedando blanca y seca. Esa pérdida de humedad es lo que provoca que la corteza se despegue de la miga al descongelarlo, y que cuando lo comas haya perdido buena parte de su sabor original.

DESCONGELACIÓN: saca del congelador solo la cantidad de pan que vayas a consumir.
Deja que se descongele a temperatura ambiente durante al menos 30 minutos. Cuanto más pequeño sea el trozo de pan, menos tardará.

Desenvuélvelo y, si te gusta crujiente, pásalo por la tostadora o por el horno durante 1 minuto.

Si es invierno y tienes los radiadores de la calefacción encendidos, deja descongelar el pan encima de uno de ellos durante 15 minutos.

La calidad del pan una vez descongelado depende básicamente de la calidad que tenía antes de congelarlo y del tiempo de congelación; recuerda que cuanto más largo sea ese tiempo, más disminuirá la calidad final.

Índice de recetas

Índice de ingredientes